MARLA STUKENBERG

Die Sikhs

Religion, Geschichte, Politik

VERLAG C.H.BECK

Mit 10 Abbildungen und 2 Karten

Für Peter

Die Deutsche Bibliothek – CIP-Einheitsaufnahme

Stukenberg, Marla:
Die Sikhs : Religion, Geschichte, Politik / Marla Stukenberg. – Orig.-Ausg. – München : Beck, 1995
(Beck'sche Reihe ; 1129)
ISBN 3 406 39229 6
NE: GT

Originalausgabe
ISBN 3 406 39229 6

Umschlagentwurf: Uwe Göbel, München
Umschlagabbildung: Akal Takht, Sitz der politischen Autoritäten der Sikhs (Foto: Gisela Bonn)

Gesamtherstellung: Appl, Wemding
Gedruckt auf säurefreiem, aus chlorfrei gebleichtem Zellstoff hergestelltem Papier
Printed in Germany

Inhalt

Anhang

Vorwort

Amritsar, die Stadt des Goldenen Tempels im nordindischen Bundesstaat Panjab, zählt neben Jerusalem, Mekka, Benares und Rom zu den religiösen Hauptstädten der Welt. Sie ist das geistige Zentrum des Sikhismus. Doch nicht ihre Glaubensgrundsätze haben die Religionsgemeinschaft der Sikhs in aller Welt berühmt gemacht. In den internationalen Blickpunkt trat diese Bevölkerungsgruppe des indischen Subkontinents erst durch den blutigen Panjab-Konflikt in den 80 er Jahren dieses Jahrhunderts. Der Kampf separatistischer Sikhs für einen eigenen Staat *Khalistan* hielt die indische Union fast 15 Jahre lang in Atem und stellte die staatliche Einheit des Subkontinentes vor eine der größten Herausforderungen seit der Unabhängigkeit. Unlängst wurde durch drastische Terrorbekämpfungsmaßnahmen der indischen Regierung eine militärische ‚Lösung' des Konfliktes herbeigeführt. Es bleibt allerdings abzuwarten, ob sie von Dauer ist. Die scheinbar wiederhergestellte Normalität im Panjab ist noch prekär.

Die Erstürmung des Goldenen Tempels, des größten Heiligtums der Sikhs, die Ermordung Indira Gandhis durch ihre beiden Sikh-Leibwächter und Massaker an den Sikhs in New Delhi machten in der Hoch-Zeit des Terrors international Schlagzeilen. Dennoch ist nach wie vor wenig über die Sikhs, ihren Glauben, ihre Lebensweise, ihre Geschichte und ihre politischen Vorstellungen bekannt. Im Gegenteil: Die ins Rampenlicht gerückten Tagesereignisse eines Bürgerkrieges haben den Blick auf die Sikh-Bevölkerung selbst eher verstellt. Zu schnell wird ihr Bild vom polit-strategischen Wechselspiel der Terroristen und Machtpolitiker, von der Rhetorik der Sikh-Fundamentalisten und einem über lange Zeit von Terror und Gegenterror bestimmten Alltag geprägt.

Wie lebt diese religiöse Minderheit? An was glauben die Sikhs? Welchen Sitten und Bräuchen folgen sie? Welche Beziehungen haben sie zu den anderen indischen Religionsgemeinschaften? Was ist mit ihrem militanten Image? Wie konnte es zu einer solchen Terroreskalation kommen, die den wohlhabenden Bundesstaat Panjab in ein von Gewalt und Gegengewalt gezeichnetes Krisengebiet verwandelte? Und das, obwohl der Religionsgründer, Guru Nanak, doch zwischen den Religionen versöhnen wollte? Auf diese und andere Fragen will das vorliegende Buch Antworten geben. In dieser Darstellung der Sikhgemeinschaft und ihrer Geschichte soll vermieden werden, einfache und vorgeblich zwangsläufige Wege zum Konfliktausbruch und seiner Eskalation zu zeichnen. Vielmehr soll aufgeschlüsselt werden, wie erst die Interpretation verschiedener historischer Erfahrungen und das Kalkül einiger religiöser und politischer Führer die Sikhgemeinschaft zu einer ethnischen Zwangsgemeinschaft schmiedeten.

In die Darstellung fließen Ergebnisse meiner 1991 im Panjab und in Delhi während der Bürgerkriegssituation durchgeführten Feldstudie ein. Interviews mit Anführern und Mitgliedern der Terror-Organisationen, mit Repräsentanten der Parteien, mit Betroffenen aus der Zivilbevölkerung und mit Vertretern der indischen Menschenrechtsorganisation ermöglichten eine Innensicht des Konfliktes, die durch diese persönlichen Begegnungen auch seine langfristigen sozialen und psychologischen Konsequenzen verdeutlichen soll.

Ich danke an dieser Stelle insbesondere meinen Interviewpartnern in New Delhi und im Panjab, die mir in langen Gesprächen ihre Erfahrungen, Meinungen und Konfliktbewertungen, in vielen Fällen auch ihre Betroffenheit mitteilten; darüber hinaus haben sie mir ein lebendiges Bild des Sikhismus vermittelt. Ihren Auftrag, die erlebten Bilder und Eindrücke weiterzugeben, möchte ich mit dieser Darstellung ihres Glaubens, ihrer Geschichte und ihres religiösen und politischen Alltags erfüllen.

I. Die Sikhs – ein Porträt

Sikhs haben ein markantes und unverwechselbares Aussehen. Eine meist hochgewachsene, kräftige Gestalt, ein farbenprächtiger Turban und ein langer Bart sind typische Kennzeichen der männlichen Sikhs, die sie von Angehörigen anderer indischer Religionsgemeinschaften unterscheiden. Sikhs legen auf ihr äußeres Erscheinungsbild großen Wert und sehen es als Pflicht an, ihre auf den ersten Blick erkennbare religiöse Überzeugung durch Gepflegtheit und einen perfekten Sitz ihres Turbans zu repräsentieren.

Der westliche Besucher des Landes kehrt dem Ursprungsgebiet dieser Religionsgemeinschaft, dem touristisch relativ unattraktiven und in den letzten Jahren noch dazu unsicheren Bundesstaat Panjab, in der Regel zwar den Rücken. Als Durchgangsroute in die Bergwelt Kaschmirs ist der Panjab durch die dortigen Unruhen ebenfalls nicht mehr gefragt. Doch auch wenn Touristen lieber Regionen wie den Wüstenstaat Rajasthan oder das Badeparadies Kerala ansteuern, geht kein Weg in Indien an den Sikhs vorbei. Sie scheinen das Transportwesen geradezu zu beherrschen: In Delhi ist allem Augenschein nach wohl jeder dritte Taxifahrer ein Sikh, und ohne die vielen Sikh-LKW-Fahrer wäre auf Indiens Straßen nur halb soviel los. Kein Wunder, daß die turbantragenden Sikhs von ausländischen Besuchern oft als die typischen Inder schlechthin empfunden werden. Da sie auffallen, ist man leicht versucht, ihre Zahl zu überschätzen. Fragt man einen Sikh, wieviele Glaubensgenossen er habe, so kann man möglicherweise mit der verblüffenden Antwort „eineinhalb Milliarden“ konfrontiert werden, was bei einer indischen Gesamtbevölkerung von etwa 900 Millionen irgendwie nicht aufgeht. Das Selbstbild der Sikhs übertrifft jedoch bei weitem noch das, was man ihnen ohnehin schon zutraut, denn jeder Sikh sieht sich selbst als *Fauj*, als eine Armee, wodurch man bei tatsächlich ca. 16 Millionen Sikhs spielend auf die eineinhalb Milliarden kommt. Dieses Selbstbild des Sikh als ‚Armee' hängt mit seinen historisch geprägten Erfahrungen von Bedrohung und Verteidigung sowie den Überlieferungen über zahlreiche Sikh-Krieger und Märtyrer zusammen, worauf später eingegangen werden soll. Die Sikhs stellen nur knapp 2 % der indischen Gesamtbevölkerung. Gleichzeitig sind sie aber nach den Hindus, den Muslimen und den Christen die viertgrößte Religionsgemeinschaft im Land. Ein Blick auf die indische Armee zeigt einen überproportionalen Anteil an Sikhs: Sie stellen 10 % der Soldaten, jeder fünfte Offizier ist ein Sikh. Trotz ihres hohen Anteils im Transportwesen und beim Militär leben 80 % und damit die überwiegende Mehrheit der Gemeinschaft im Panjab, dem Bundesstaat im Nordwesten Indiens an der Grenze zu Pakistan.

Seit der Gründung des Staates Pakistan im Jahr 1947 wird die geographische Einheit des Panjab politisch durch die indo-pakistanische Grenze durchschnitten. Im Norden wird der Panjab von der gewaltigen Bergkette des Himalaya begrenzt; im Westen liegt der breite Strom des Indus zwischen dem Panjab und den Bergketten, die die Ebene bis auf wenige Pässe fast hermetisch von den dahinterliegenden Bergländern Afghanistans und Baluchistans abriegeln. Im Gegensatz zu seinen geographischen Grenzen ist die Landschaft des Panjab selbst nicht besonders spektakulär. Als weite Ebene fällt sie sanft gegen Süden hin ab und geht im Südwesten jenseits der Grenzen des Panjab allmählich in die große indische Wüste Thar über. Der Panjab wird von den fünf Flüssen Jhelum, Chenab, Ravi, Beas und Sutlej durchzogen, die das Gebirgswasser des Himalaya transportieren. Das Land zwischen den Flüssen, *Doab* genannt, ist auf monotone Weise grün und fruchtbar. Die Flüsse münden schließlich auf pakistanischer Seite wie die fünf Finger einer Hand im großen Strom des Indus, der ihr Wasser zum Arabischen Meer mitnimmt. Das Wort *Panjab* bedeutet „fünf Flüsse". Ebenso wie die Flüsse ziehen sich die Straßen im Panjab dahin, manchmal als schattige Birkenalleen, gesäumt von Zuckerrohr-, Weizen-, Baumwoll- und Maisfeldern. Von der Landstraße führen schmale, ungeteerte Wege zu den Dörfern, kleinen Ansammlungen von Gehöften aus Lehmziegel- oder Backsteinbauten. Das Klima zeigt im Gegensatz zur Landschaft extreme Seiten: Der Winter ist manchmal so kalt, daß einige Menschen erfrieren. Im Sommer brennt die Sonne erbarmungslos auf die ungeschützte Ebene, in der kaum Schatten zu finden ist. Die unerträgliche Hitze, die dann sogar den dynamischen Sikhs das letzte Temperament raubt, reißt tiefe Furchen in die ausgetrocknete Erde. Sobald sich die erste Monsunwolke am Himmel zeigt, stürzen die Landbewohner, egal ob Hindus, Muslime oder Sikhs, nach draußen und beginnen einen Tanz, der den erwarteten Regen herbeibittet. Beginnt er zu prasseln, wird aus dem Tanz ein wahrer Freudentanz, bei dem nichts und niemand trocken bleibt. Doch auch der Monsun kommt oft im Übermaß und weicht die ungeteerten Wege vollkommen auf. Wo die Erde vorher vor Trockenheit aufriß, entstehen nun schlammige Pfützen und kleine Seen.

Der Panjab bietet aufgrund seiner geographischen Bedingungen, den fruchtbaren Böden und dem Wasserreichtum, beste Voraussetzungen für die Landwirtschaft. Hinzu kommt, daß Sikhs ohnehin begnadete Landwirte sind. Sie haben aus dem Fünfstromland die Kornkammer Indiens gemacht. In den Städten hingegen findet man Sikhs in allen denkbaren anderen Berufen, als Fabrikanten, Handwerker, Händler, Unternehmer, Akademiker, Ärzte und Beamte. Einige Spitzenpositionen der Republik waren oder sind von Sikhs bekleidet, wie z.B. der jüngst im Westen durch seine wirtschaftlichen Reformkonzepte bekanntgewordene Finanzminister Manmohan Singh zeigt. Den Nachnamen *Singh,* was Löwe bedeutet, muß sich der Minister mit allen seinen Glaubensbrüdern teilen, während alle weiblichen Sikhs den Nachnamen *Kaur* führen und damit – jedenfalls dem Namen nach – Prinzessinnen sind. Während die Nachnamen der Hindus bereits Auskunft über die Kastenzugehörigkeit geben, eint der gemeinsame Nachname alle Sikhs zu einer primär kastenlosen Gemeinschaft. Allerdings hängen viele Sikhs doch einen weiteren Nachnamen an, der ihre Kaste (z.B. Bishen Singh *Bedi*) oder ihren Herkunftsort (z.B. Harchand Singh *Longowal*) bezeichnet, oder sie stellen ihren Beruf vor den Namen (z.B. *Major* Jarnail Singh). Obwohl der Sikhismus das Kastensystem der Hindus ablehnt, durchdringt dieses dennoch als übermächtiges indisches Ordnungs- und Regelsystem viele tägliche Belange, wie sich am Beispiel der Namen mit Kastenzusatz zeigt. Die Namenszusätze erleichtern allerdings bei einer sonst doch recht begrenzten Anzahl von Varianten das Auseinanderhalten der vielen Singhs. Der Vorname eines Neugeborenen wird in der Regel auf folgende Weise ermittelt: Die Eltern schlagen den *Granth Sahib*, das heilige Buch der Sikhs auf. Das erste Wort links oben auf der geöffneten Seite ist entscheidend, denn die Eltern suchen nun einen Namen aus, der mit dem gleichen Buchstaben anfängt wie das gefundene Wort. In manchen Familien werden dem Neugeborenen einige Strophen des *Japji*, des Morgengebetes der Sikhs, ins Ohr geflüstert.

Die Anrede für einen Sikh lautet *Sardar*, eine verheiratete Frau wird mit *Sadarni* angesprochen. Bei der Landbevölkerung ist es jedoch üblich, statt dieser distanzierten Anrede das ebenfalls respektvolle, aber etwas vertrautere *Bhaiji* bzw. *Bhai Sahib* (Bruder) oder *Bibiji* (Frau) bzw. *Bhainji* (Schwester) zu verwenden.

Die Tracht der Sikh-Frauen im Panjab unterscheidet sich nicht von der Kleidung der Hindu- und Muslim-Frauen in dieser Region. Sie tragen den sogenannten *Shalwar Kameez*, eine im Gegensatz zum Sari weniger elegante, dafür aber für die Landarbeit im Panjab praktikablere Lösung. Diese Panjab-Tracht besteht aus einer Pluderhose, die in der Taille mit einem Band zusammengerafft wird; darüber fällt ein Oberteil, das bis über die Kniee reicht, und über die Schultern wird ein meist zarter langer Chiffon-Schal (*Dupatta*) getragen. Er dient beim Besuch religiöser Stätten auch dazu, das Haar zu bedekken. Modische Varianten ergeben sich bei diesem Dreiteiler zum Beispiel durch die mal engen, mal weiteren Hosenbeine, die aktuellen Farbabstufungen und die verschiedenen Möglichkeiten, den Dupatta zu drapieren. Auf dem Land tragen männ-

Abb. 1: Sikh-Frauen in Tracht vor dem Goldenen Tempel in Amritsar. (Foto Angela Herrmann)

liche Sikhs oft ebenfalls eine Art geraffte Pluderhose mit langem, weitem Hemd darüber. In der kalten Jahreszeit wird eine Weste oder ein Strickpullover darübergezogen. Wenn es ganz kalt wird, hüllen sich die Menschen in Wollschals oder Dekken. In den Städten weicht die bequeme und klimagerechte Tracht der Sikhs immer mehr einem westlichen Outfit, oft gar einem Anzug, auf den der Turban farblich abgestimmt wird. Kleine Jungen sieht man des öfteren mit einem Dutt auf dem Kopf, über den ein taschentuchgroßes weißes Stück Stoff gebunden wird. Denn erst ab dem fünften Lebensjahr darf ein Junge den ersten richtigen Turban tragen, was entsprechend mit dem Fest des *Dastar Bandhi* gefeiert wird. Die Turbane bestehen aus einem sechs Meter langen Tuch, das ebenfalls auf verschiedene Weise gewickelt werden kann und meist in einer kräftigen Farbe leuchtet. Zur Zeit ist es populär, vor dem Wikkeln des Turbans ein andersfarbiges Stirnband anzulegen, von dem schließlich nur noch ein kleines Dreieck über der Stirnmitte hervorschaut. Obwohl das Turbanwickeln kompliziert anmutet, braucht ein routinierter Sikh nur wenige Minuten, um die sechs Meter Stoff in Form zu bringen. Unter dem Turban verbirgt sich schulter- bis hüftlanges, zu einem Knoten aufgestecktes Haar. Es ist eine religiöse Vorschrift der Sikhs, weder Haupt- noch Barthaar zu schneiden. Die langen Bärte werden manchmal mit Hilfe eines Haarnetzes hochgerollt oder auch von einer lustig anzusehenden Bartbinde gehalten, die über dem Kopf verknotet wird. Als ich zum ersten Mal diese Bartbinde sah, dachte ich, der Sikh habe schlimme Zahnschmerzen! Auf den Dörfern kann man auch beobachten, wie Sikhs nach einer Mahlzeit mit *Ghee*, der für die reichhaltige Panjabküche typischen zerlassenen und geklärten Butter, die fettigen Hände genüßlich am Bart abstreichen, worauf dieser natürlich schön glänzt.

Bei Gesprächen mit und über Sikhs erhält man auf die Frage nach ihren „typischen Eigenschaften“ in der Regel die Antwort, daß sie fleißig, unternehmerisch, mutig und kämpferisch seien, flexibel und mobil. Erstaunlich ist, daß ihnen diese Eigenschaften auch von anderen Bevölkerungsgruppen Indiens, beispielsweise den Hindus, zuerkannt werden. Gleichzeitig jedoch kursieren in Indien Witze über die Sikhs, in denen diese als Muskelprotze mit wenig Verstand, als Kanonenfutter und als Bauerntölpel, denen es unter ihrem Turban zu heiß geworden ist, in bester Ostfriesenmanier karikiert werden. Doch Sikhs verstehen Spaß. Mit gesundem Selbstbewußtsein erzählen sie manche Witze selbst weiter. Eine Sammlung der Sikh-Witze wurde sogar von einem prominenten Sikh, dem Historiker Kushwant Singh, in Taschenbuchform herausgegeben.[1] Zweifelsohne hat das von Grandiosität geprägte Selbstbild der Sikhs seine komischen Seiten. Vielleicht dient das Spott-Ventil der Witze den anderen Religionsgemeinschaften aber auch dazu, die tatsächliche Überlegenheit der Sikhs in puncto kraftvoller, dynamischer Ausstrahlung, militärischer Verdienste und relativen ökonomischen Wohlstandes auf eine leichtere

Schulter zu nehmen. Was die dynamische Ausstrahlung der Sikhs angeht, so riet mir ein Sikh, einmal zu beobachten, wie sich Hindus und Sikhs auf der Straße bewegen. Ich bilde mir seither ein, Hindus und Sikhs am Gang unterscheiden zu können: Während die meisten Hindus einen eher verzögerten, schlendernden Schritt an den Tag legen, indem sie zuerst das Becken etwas nach vorne schieben und dann die Beine folgen lassen, marschieren Sikhs in der Regel zielstrebig drauflos. Diese Beobachtung mag sehr subjektiv sein; ihr Ergebnis entspräche jedoch auch der tieferliegenden Einstellung von Hindus und Sikhs zu Ziel und Zeit. Während die Hindus eher in ewigen, immerwiederkehrenden Kreisläufen oder Spiralen denken, haben Sikhs einen linearen, zielgerichteten Weg vor Augen. Zwar akzeptieren Sikhs die hinduistische Lehre des Karma von der Vergeltungskausalität aller Taten. Sie glauben ebenfalls an die Reinkarnation aller Lebewesen bis zur Erlösung aus der Folge der Wiedergeburten durch die Vereinigung mit Gott. Im Unterschied zu den Hindus[2] sind sie jedoch der Überzeugung, daß der Mensch die höchste Existenzform darstellt und er dadurch gerade in diesem Leben die große Chance hat, den ewigen Kreislauf der Wiedergeburten zu durchbrechen. Ob es ihm gelingt, direkt die Erlösung zu erlangen, oder ob er dazu verurteilt wird, nochmal Millionen von Reinkarnationen zu durchlaufen, hängt dem Sikhglauben zufolge allein von den Gedanken und Taten ab. Das aktive Handeln in der Gegenwart erhält dadurch einen wichtigen Stellenwert. Die Zeit in diesem Leben ist kostbar und muß gut genutzt werden, um das Ziel der Erlösung zu erreichen und nicht diese einmalige Chance zu verpassen.

Nicht alle Sikhs sind reich, aber so gut wie nie wird man – und das ist in Indien ein Ausrufungszeichen wert – einen Sikh betteln sehen! Der Glaube an ein vorbestimmtes Schicksal und seine passive Hinnahme ist im Sikhismus verpönt. Sikhs glauben an die Möglichkeit des Menschen, durch Fleiß und eigene Anstrengung das Leben in die Hand zu nehmen. Sie bejahen den Wettbewerb um Macht, Reichtum und Prestige. Der Weg des Asketen, der sich durch mentales Training und Körperbeherrschung auf einen Zustand der vollständigen Bedürfnislosigkeit hinentwickelt, ist dem Sikhismus fremd. Er plädiert nicht für Askese und Zölibat, sondern für das Eheleben, für Familie und Kinder. Damit unterscheidet sich der Sikhismus grundlegend vom vedischen Lebensplan des Hinduismus. Nach dem hinduistischen Modell prägt das Eheleben und die Verantwortung für die Familie nur einen bestimmten Lebensabschnitt. Der Rückzug aus dieser Lebensphase steht dem Hindu als eigentliches Ziel vor Augen. Im letzten Lebensabschnitt verläßt der Hindu – dem vedischen Plan zufolge – sein Zuhause und wandert entweder als Bettelmönch umher oder pilgert an Orte spiritueller Kraft. Natürlich wird dieser Lebensplan nicht von allen Hindus gelebt, aber als Kulturideal lebt er im Bewußtsein fort. Für Sikhs bleiben die weltlichen Bindungen hingegen uneingeschränkt bestehen. Enthaltsamkeit ist für sie keine erstrebenswerte Tugend. Auch das christliche Bild, daß es für ein Kamel leichter sei, durch ein Nadelöhr zu schlüpfen, als für einen Wohlhabenden, Gott zu erreichen, ist einem Sikh fremd. Er akzeptiert statt dessen die Wichtigkeit materieller Bedürfnisse und anerkennt die Notwendigkeit, diese zu befriedigen. Religion und Glaube in Indien werden im Westen oft als Hindernis für Wachstum und Reichtum gesehen. Die Sikhreligion steht dem Streben nach Wohlstand und Ansehen jedoch keineswegs im Wege, ganz im Gegenteil: „Ein Sikh muß anderen ein Beispiel geben; er soll ein besserer Bauer, ein besserer Geschäftsmann und ein besserer Beamter sein.“[3] Erfolg und Wohlstand können Gott erfreuen. Das Streben nach materiellen Werten und Prestige ist im Sikhismus legitim. Es soll jedoch religiös orientiert bleiben und nicht zum Selbstzweck werden. Deshalb lenkt die Religion das materielle Streben in die gewünschte Richtung: auf eine starke und prosperierende Gemeinschaft, für deren Wohlergehen der einzelne durch sein individuelles Streben einen Beitrag leistet. Sikhs weisen immer wieder darauf hin, daß der relative Wohlstand der Gemeinschaft ausschließlich auf den eigenen Fleiß und ihre Fähigkeiten, auf ihre Energie und die Inspiration durch ihren Glauben zurückzuführen sei. Vor dem Goldenen Tempel in Amritsar wurde mir von einem Sikh ein Pamphlet mit der Überschrift „Arbeitsethik für Indiens Reichtum“ in die Hand gedrückt. Darin wird eine übergreifende und alle erfassende Arbeitsethik nach dem Modell Japans gefordert. Faulheit und ein mangelnder Sinn für Perfektion werden angeprangert und als Ursache dafür gesehen, daß in Indien etwa 50% der Bevölkerung unterhalb der Armutsgrenze leben. Diese Sichtweise des Flugblatt-Autors spart sämtliche kolonialhistorischen und weltwirtschaftlichen Ursachen der Unterentwicklung aus. Das Pamphlet spiegelt die extreme Konsequenz des Gedankens, daß jeder seines Glückes Schmied sei und es nur auf die individuellen Bemühungen jedes einzelnen ankomme, um Indien in ein Wohlstandsland zu verwandeln. In ihrer übersteigerten Form führte diese Perspektive auch zu der Forderung nach einem unabhängigen Sikhstaat. Losgelöst von Indien, so die Vision einiger Sikhs, könne es der fleißigen Bevölkerung viel eher gelingen, aus ihrem Land ein Schatzkästchen zu machen. Warum, fragen die Separatisten, soll man Indiens Armut teilen, wenn man es in einem eigenen Sikhstaat viel besser haben könnte?

Die große Bedeutung der Sikhreligion für den Alltag ihrer Glaubensanhänger ist nicht zu überschätzen: Die Religion bestimmt nicht nur den Namen und die Kleidung der Sikhs, sondern prägt ihr gesamtes Selbstverständnis. Noch dazu sind im Sikhismus Religion und Politik miteinander verwoben. Der politische Traum der Sikh-Separatisten von einem eigenen Sikh-Staat Khalistan und der Sikh-Konflikt, der seit den 80er Jahren Tausende von Menschenopfern gefordert hat, sind daher nur zu verstehen, wenn man die Religion, die Geschichte und die politischen Vorstellungen der Sikhs im Zusammenhang betrachtet und ihrer Interdependenz auf die Spur kommt.

II. Religion und Geschichte der Sikhs

1. Guru Nanak und die Anfänge des Glaubens

Im Gegensatz zu Muslimen, Christen und Buddhisten praktizieren die meisten Sikhs ihre Religion in deren Ursprungsgebiet, dem Panjab. Die wichtigen und berühmten Glaubensstätten liegen in nächster Nähe. Beschreibungen historischer Szenen sind daher sofort vorstellbar und erwecken Assoziationen: „Guru Nanak kam auch in unserem Dorf vorbei. Unter diesem Baum verkündete er seine Botschaft einer Gruppe von Bauern. Der Baum ist uns deshalb heilig." Neben der geographischen Nähe besteht auch eine zeitliche Nähe zum Glaubensursprung: Der Sikhismus ist nicht viel älter als 500 Jahre und damit eine der jüngsten Religionen der Welt. Die geographische und die zeitliche Nähe zu ihrem Glaubensursprung hat zur Folge, daß Sikhs äußerst lebendig über ihre Gurus und die Anfänge ihres Glaubens berichten, fast so, als wären sie noch selbst dabeigewesen.

Nanak, der Begründer und erste Guru der Sikhs, entstammt einer Hindu-Familie und wurde 1469 in einem Dorf in der Nähe der heute in Pakistan gelegenen Stadt Lahore geboren. Am Beginn des neuen Glaubens steht ein mystisches Offenbarungserlebnis: Nanak vernahm eine göttliche Stimme, die ihn anwies, im Glauben an einen einzigen Gott Barmherzigkeit, Reinheit, Andacht und Dienen zu leben und zu predigen. Dieser Monotheismus brachte Nanak in Widerspruch zum Glauben seines Elternhauses, dem Hinduismus, der bekanntlich unzähligen Gottheiten in ihren verschiedensten Inkarnationen huldigt. Nanak verkündete die Lehre, daß der eine Gott nur in vollständiger Formlosigkeit und nur im Innern, im Herzen zu erfahren sei. Damit wandte er sich insbesondere vom religiösen Alltag des volkstümlichen Hinduismus ab.

Im Hinduismus spielt die Verehrung der Gottheiten in Form von Idolen, Bronzestatuen, Relieftäfelchen mit Götterbildern und anderen bildhaften Darstellungen eine große Rolle. Insbesondere die klassische indische Kunst, die sich seit der Gupta-Periode im 4. Jahrhundert n. Chr. entwickelte, diente vornehmlich dem Zweck, den Gläubigen ein Bild der Götter vor Augen zu stellen. Jeder Gott, jede Göttin im vielfältigen hinduistischen Pantheon trägt individuelle Züge; die Namen des Gottes Shiva oder der Göttin Kali zum Beispiel sind mit visuellen Vorstellungen verknüpft. Diese können zwar je nach Region variieren, vermitteln dem Gläubigen aber immer eine greifbare Vorstellung der Gottheit. Die Lehre Nanaks, daß ein einziger Gott in Formlosigkeit verehrt werden solle, also ohne sich ein bestimmtes Bild von ihm zu machen, war eine Herausforderung. Einem solchen Gott kann man keine Opfergaben zu Füßen legen, man kann ihn nicht mit Blumenketten schmücken. Man kann keine Rituale vor seinem Abbild vollziehen, um seine Aufmerksamkeit auf sich zu lenken, oder ihn mit Spenden günstig für bestimmte Bitten stimmen. Ein formloser Gott, dem man nur im Inneren des Herzens in Andacht begegnen kann?

Nanak begann, weite Strecken zu Fuß zurückzulegen, begleitet von seinen beiden ersten Jüngern, dem moslemischen Lautenspieler Mardana und dem Hindu-Bauern Bala. Er bereiste auf diese Weise nicht nur ganz Indien von Nord nach Süd und von Ost nach West, sondern soll sogar bis Mekka und Medina gekommen sein. Seine Botschaft predigte er auf diesen Wanderungen in Form von Gedichten und Hymnen, die – vielleicht durch den Einfluß von Mardana und Bala – ein bißchen wie moslemische Suren und ein wenig wie hinduistische Ragas klangen. Nanak ließ sich in seinen Werken durch die Schriften hinduistischer und muslimischer Heiliger inspirieren. Vor ihm hatten im 13. Jahrhundert bereits Namdev, ein Schneider, und im 15. Jahrhundert der kastenlose Lederhandwerker Ravidas und der Weber Kabir eine ähnliche Botschaft verbreitet. Auch sie predigten den Monotheismus, lehnten jede Form von Sektiererei ab und wandten sich gegen das Kastenwesen. In Anlehnung an diese Heiligentradition verkündete Nanak: „Es gibt keinen Hindu, und es gibt keinen Muslim." Dieser Satz brachte seine Versöhnungsabsicht zwischen den beiden Religionen, die sich im Panjab seit Jahrhunderten in Feindschaft und Krieg gegenüberstanden, auf den Punkt. Die schlichte Formel verlangte von den Gläubigen, den anderen nicht als Vertreter einer verfeindeten Religion zu sehen, sondern als Menschen, der ebenfalls nach Erlösung sucht. Damit sollte die Tür aufgestoßen werden zu einem neuen Freiraum, in dem es auch Gemeinsamkeiten zwischen den Religionen zu entdecken galt. Mardana vertonte die Hymnen und Gedichte Nanaks und begleitete ihn auf seinem lautenähnlichen Instrument. Allmählich versammelte sich eine Schar hinduistischer und moslemischer Anhänger um Nanak und seine beiden Begleiter. Man begann, Nanak als *Guru*, d.h. als Lehrer, anzusehen und seine Schüler als *Sikhs*, eine Bezeichnung, die vom Sanskritwort *Shishya* (Jünger) abgeleitet ist. Der Versöhnungsgedanke Guru Nanaks fand darin Ausdruck, daß manche Hindufamilien begannen, einen ihrer Söhne im Sikhglauben zu erziehen. Es gibt auch heute noch Familien, die immer wieder mit dieser Sitte eine Brücke zwischen den beiden Religionsgemeinschaften bauen.

Den Glauben an einen einzigen Gott brachte Nanak im *Japji* zum Ausdruck, einem Morgengebet, das auch als Ursprung des Glaubens (*Mool Mantra*) bezeichnet wird:

Es gibt nur einen Gott.
Er ist die absolute Wahrheit.
Er, der Schöpfer,
ist ohne Furcht und ohne Haß.
Er, der Allgegenwärtige,
durchdringt das Universum.
Er wurde niemals geboren.
Er wird niemals sterben, um wiedergeboren zu werden.

Lange vor der „Zeit"
existierte bereits die „Wahrheit".

Als die Zeit mit ihrem Ablauf begann,
war Er die „Wahrheit".
Selbst jetzt ist Er die Wahrheit.
Die Wahrheit wird ewig herrschen.[4]

Nanak wollte zwischen Hinduismus und Islam vermitteln und gilt bis heute als Symbol der Versöhnung zwischen den beiden großen Religionsgemeinschaften. In der sikhistischen Lehre finden sich daher sowohl hinduistische wie islamische Elemente. In den Schriften der Sikhs wird Gott wechselweise mit hinduistischen und islamischen Namen wie Rama, Hari oder Rabb und Rahim benannt. Der eigentlich sikhistische Name Gottes ist jedoch *Waheguru*: Großer Guru, wunderbarer Lehrer. Die Hymnen Guru Nanaks, die später im *Granth Sahib*, dem Heiligen Buch der Sikhs, aufgezeichnet wurden, zeigen ihn als interessiert an den verschiedenen religiösen Ausdrucksformen seiner Zeit. Er nimmt auf sie Bezug, kritisiert sie aber teilweise auch heftig: Hindupraktiken wie Pilgerfahrten zu den verschiedenen Tempeln und heiligen Orten, Beschwörungsformeln und eine stark institutionalisierte Form der Gottesverehrung mißbilligt er. Er glaubt, daß äußere Rituale und ihm abergläubisch erscheinende Vorschriften und Bräuche einer echten, tiefempfundenen Religiosität im Wege stehen.

Über Guru Nanak kursieren in der Sikhgemeinschaft humorvolle Anekdoten und Legenden. Sie spiegeln seinen Reformwillen und sein pädagogisches Talent auf anschauliche Weise wider: Einmal sei er eingeschlafen, während seine Füße in Richtung Mekka zeigten. Ein Moslem habe ihn wachgerüttelt und auf dieses Vergehen hingewiesen. Daraufhin habe Nanak ihn gebeten, seine Füße in eine Richtung zu rücken, in der Gott nicht gegenwärtig sei. Eine andere Legende berichtet, wie Nanak in Hardwar die gläubigen Hindus beobachtete, die an dieser berühmten Pilgerstätte ein Bad im Ganges nahmen. Viele werfen dabei Wasser in Richtung Osten. Dies soll den Seelen ihrer Vorfahren Nutzen bringen. Nanak habe daraufhin das Gangeswasser in die entgegengesetzte Richtung geworfen. Auf das erstaunte Fragen der anderen Badenden hin habe er geantwortet, daß er das heilige Wasser zu seinen Feldern sende, damit die Ernte besser gedeihe. Die Hindus hätten ihn ausgelacht, da das Wasser doch niemals über soviele Meilen hinweg seine Felder im Panjab bewässern könne. Worauf Nanak zurückfragte, wie das Wasser – wenn es nicht mal bis in den Panjab gelange – bis ins Jenseits reichen und dort den Vorfahren nutzen könne?

Die Hymnen Guru Nanaks zeigen seine Vertrautheit mit hinduistischen und muslimischen Ritualen. Er nimmt auf sie Bezug, überträgt die äußerlichen Rituale jedoch gleichzeitig in eine innerliche Sphäre der Andacht. So rät er den Muslimen, daß sie ihre Moschee in der eigenen Dankbarkeit finden sollten, das Gebet selbst solle ihr Gebetsteppich sein und Gerechtigkeitssinn ihr Koran. Islam und Hinduismus werden in seinen Versen nicht als falsch qualifiziert; er warnt jedoch davor, sich durch Rituale und Zeremonien von einer wahren Konzentration auf Gott ablenken zu lassen, beziehungsweise zwar ein rituell reines, aber in der täglichen Praxis dennoch ethisch verwerfliches Leben zu führen. Alle Praktiken, die auf Trennung, Unterscheidung und Dualität beruhen – wie z.B. das Kastenwesen – werden von Nanak abgelehnt, da sie seinem Konzept von Gott als dem Einen und Zeitlosen widersprechen. Ein demonstrativer, gegen das Kastenwesen gerichteter Akt bestand in der Errichtung von *langars.* In diesen Freiküchen können Sikhs und auch Angehörige anderer Religionen ungeachtet sozialer Unterschiede und Kastenschranken gemeinsam essen. Orthodoxen Hindus ist das gemeinsame Essen von Angehörigen verschiedener Kasten nicht möglich, da es die Höherkastigen rituell verunreinigen würde. Die Sitte des *langar* wird auch heute noch in Sikh-Tempeln gepflegt und ist ein wichtiges, Gemeinschaft stiftendes Erlebnis. Sikhs und Besucher aller Glaubensrichtungen können im Gurdwara eine kostenlose Mahlzeit einnehmen, die von Gläubigen in freiwilliger Arbeit (*kar seva*) in der Tempelküche selbst oder im Freien auf einem Lehmofen zubereitet wird. Die Zutaten werden von den Gläubigen gespendet, die auch abwechselnd das Verteilen der Speisen nach dem Gottesdienst übernehmen.

Trotz der strikten Ablehnung des Kastenwesens arrangierten allerdings alle zehn Gurus der Sikhgemeinschaft die Hochzeiten ihrer Kinder in Übereinstimmung mit den Kastenvorschriften der Hindus, die eine Heirat nur innerhalb der eigenen Kaste erlauben. Das Kastenwesen wird also als Regelsystem in bestimmten Fragen des sozialen Lebens anerkannt. Es soll aber im Sikhismus nicht den Weg zur Erlösung bestimmen.

Als inhaltlichen Ersatz für das ausgefeilte Netzwerk von Hindu-Pilgerstätten, Riten, Idolen, Tempeln und die Ordnungsstruktur des Kastensystems mit seinen Gesetzmäßigkeiten bot Guru Nanak seinen Anhängern die schlichte Formel des „Nam, Dan, Isnan". Sie stellt die Essenz seiner Botschaft dar und diente der Gemeinschaft in ihren Anfängen als Motto. „Nam" bezeichnet das ständige Meditieren über den göttlichen Namen, wodurch eine mystische Einheit mit Gott erreicht werden soll; unterstützt wird die Meditation durch „Dan", das Verteilen von Almosen, und schließlich komplettiert durch „Isnan", eine reine Lebensweise. Grundlagen der religiösen Praxis, wie sie von Nanak gelehrt wurden und bis heute geübt werden, sind die Orientierung am Guru als Vorbild und Lehrer, das Singen der Hymnen in der Gemeinschaft und das gemeinsame Essen. Trotz dieser gerade im Gegensatz zur Fülle der hinduistischen Vorstellungswelt kargen neuen Lehre fand die erste Gemeinde um Guru Nanak seine Botschaft wohl umfassend genug, um sie an kommende Generationen weiterzugeben. Wollte Nanak mit seiner neuen Lehre nur die Kluft zwischen Hinduismus und Islam überbrücken? Hatte er überhaupt das Ziel vor Augen, eine eigenständige religiöse Gemeinschaft zu gründen? Diese Frage ist bis heute umstritten. Zumindest war er es, der den Grundstein für eine neue Religion legte. Und er schaffte auch die Voraussetzung für eine eigenständige Religionsgemeinschaft: Als Guru Nanak 1539 starb, hatte er kurz zuvor einen Nachfolger aus dem Kreise seiner Anhänger gewählt. Dieser konnte für den Fortbestand der Gemeinschaft und die Weiterentwicklung der Lehre sorgen. Auf die Erbfolge hatte er verzichtet, da er seine eigenen Söhne als nicht würdig genug erachtete. Mit diesem Schritt der

Guru-Nachfolge setzte eine Entwicklung ein, die mit der Zeit aus einem Anhängerkreis um den Wanderprediger Nanak eine eigenständige religiöse Gemeinschaft formte.

2. Die Entwicklung zur Kriegergemeinschaft

Auf Nanak folgten neun weitere Gurus. Zwischen 1469 und 1708 stand daher immer eine vorbildhafte Persönlichkeit im Mittelpunkt der Gemeinschaft. Einige der neun Nachfolger Guru Nanaks gaben der jungen Religion neue Ausdrucksmöglichkeiten, schufen neue Institutionen und sorgten für den Zuwachs der Gemeinschaft, die allmählich und unter dem Einfluß historischer Entwicklungen und Ereignisse ihren Charakter veränderte.

Guru Angad (1504–1552), der zweite Guru, regte die Sammlung der Hymnen Guru Nanaks an und entwickelte für ihre Aufzeichnung eine neue Schriftsprache aus verschiedenen anderen in Nordindien gebräuchlichen Zeichen. Die neue Schrift wurde *Gurmukhi* genannt: „aus dem Munde des Guru". Damit wurde der Grundstein für das spätere Heilige Buch der Sikhs gelegt. Vor allem wurde durch die Entwicklung einer eigenen Schriftsprache, die sich von der der Hindus und Muslime unterschied, das Bewußtsein genährt, eine eigene, separate Gemeinschaft zu sein.

Obwohl Guru Nanak in seinen Lehren die Innerlichkeit als einzig wahren Ort des Glaubens dargestellt hatte, setzt unter Guru Amar Das (1479–1574), dem dritten Guru, ab 1552 die Einrichtung von Sikh-Pilgerzentren sowie die Festlegung eigener Feiertage und Rituale ein. In seinem Heimatdorf Goindval ließ Guru Amar Das einen großen Bade-Tank anlegen, wie er sich auch an vielen Hindutempeln und Pilgerplätzen finden läßt. Die Sikhgemeinschaft erhielt so eine Alternative zu den beliebten Hindu-Pilgerorten Hardwar und Benares. Es entstand der Brauch, daß sich Sikhs an den hohen Hindufesttagen des Baisakhi- und des Diwali-Festivals in Goindval versammeln. Diese Entwicklung muß wohl als Zugeständnis an die sozialen Bedürfnisse der Sikhs verstanden werden: Die Gemeinschaft hat Zulauf, eine zweite Generation wächst heran. Für einen stärkeren Zusammenhalt der Gemeinschaft werden gerade jene äußeren Zeichen des Glaubens benötigt, die Nanak ursprünglich ablehnte.

Der Hinduismus erbaut seinen Göttern prächtige Tempel, in denen die Gläubigen ein- und ausgehen, wo die Luft vom Qualm der Räucherstäbchen schwer ist, wo Hunderte von bunten Blütenketten die Götterstatuen schmücken und Gesänge, Musik und Glöckchen die Gebete untermalen. An den heiligen Orten, die über das ganze Land verteilt sind, vollziehen Hindupriester ihre Zeremonien, und die Gläubigen haben die schwere Wahl zwischen Heiligen, Wahrsagern und Gauklern. Wie kann daneben die neue Religion der Sikhs bestehen, die noch so einfach und schlicht ist, die ihren Anhängern so wenig für die Sinne bietet und von ihnen den Rückzug in die Innerlichkeit erwartet? Es war vorauszusehen, daß die noch junge Religion bald keinen Bestand mehr haben würde, wenn sie den Gläubigen nicht auch einige Tempel und Zentren böte, die der inneren Andacht eine äußere Form und der Gemeinschaft eine Mitte, einen Versammlungsort gäben. Um die neuen Maßnahmen zu rechtfertigen, die von der ursprünglichen Lehre abwichen, wurden sie alsbald rückwirkend Guru Nanak zugeschrieben. Nanak höchstpersönlich, so heißt es, sei Guru Amar Das erschienen und habe den Auftrag dazu erteilt.

Außerdem unternahm Amar Das nun erstmals konkrete missionarische Anstrengungen. Er teilte die Sikhs in zweiundzwanzig administrative Einheiten ein und ernannte für jede dieser Einheiten einen Leiter für missionarische Aufgaben. Außerdem setzte er Frauen für die spezielle Missionsarbeit unter der weiblichen Bevölkerung ein. Guru Amar Das opponierte gegen das Hindu-Ritual ‚Sati', nach dem Frauen sich auf dem Scheiterhaufen ihrer verstorbenen Männer mitverbrennen lassen mußten. Von einer Frau wurde verlangt, dem Mann überallhin zu folgen, auch in den Tod. Sein Wohlergehen, seine Ehre sollten ihr oberstes Lebensziel sein. Die Götter der Hindus liefern selbst das Vorbild: Die Göttin Sati verbrannte sich im Opferfeuer ihres Vaters, weil dieser ihren Gatten Shiva nicht zum Opferfest eingeladen und damit beleidigt hatte.[5] Der Säkularstaat Indien verbietet heute zwar die Witwenverbrennung. Doch in Einzelfällen wird Sati noch immer praktiziert. Witwen haben in der indischen Gegenwart generell ein schweres Los, auch wenn ihnen heute das Leben bleibt. Eine zweite Ehe ist ihnen in der Regel unmöglich. So tragen manchmal junge Mädchen bis ans Lebensende die weiße Trauerkleidung. Guru Amar Das setzte sich hingegen bereits im 16. Jahrhundert für die freiwillige Wiederverheiratung von Witwen ein. Von Sikhs wird daher betont, daß ihre Religion einen großen Beitrag zur Gleichberechtigung der Frau geleistet habe. In der Tat propagiert der Sikhismus ein fortschrittlicheres Frauenbild als der Hinduismus. Was jedoch de facto die heutige Stellung der Frau im Sikh-Alltag angeht, so kann auch hier keinesfalls von einer Verwirklichung der Gleichberechtigung gesprochen werden. Eine für die indische Gesellschaft überhaupt zutreffende traditionelle Einstellung zur Frau prägt in der Regel das Geschlechterverhältnis, auch in Sikh-Familien. So war es bei meinen Sikh-Gastgebern im Panjab ganz selbstverständlich, daß die Ehefrau zuerst nur den männlichen Familienmitgliedern das Essen servierte und sich hinterher mit den Töchtern die Reste teilte. Als Gast und noch dazu aus dem Ausland hatte ich allerdings das ‚Privileg', mit den Männern zu speisen. Obwohl bereits der frühe Sikhismus Frauen zu allen religiösen Zeremonien zuließ, sind heute noch immer alle Rezitatoren aus dem Heiligen Buch der Sikhs, alle Tempelvorsteher und alle Honoratioren der exklusiven Sikh-Organisationen Männer. In der Gegenwart prägt das hinduistische Modell der ergebenen Ehefrau auch den Alltag der Sikhfrauen. In der Figur der weiblichen Gottheit Sita, der Frau Ramas, hat das hinduistische Epos Ramayana eine Vorlage geschaffen, von der sich jede indische Frau, gleich welcher Religion, nur schwer freimachen kann. Sita ist die ideale Frau, die sich durch Keuschheit, Hingabe und Selbst-Aufopferung auszeichnet. Obwohl sie das Opfer von Ungerechtigkeiten wird, bleibt sie

Rama unerschütterlich ergeben. Der Satz „sie ist eine zweite Sita" ist auch für Sikhfrauen leider immer noch ein großes Lob.

Der vierte Guru, Ram Das (1534–1581), etablierte ein neues Haupt-Pilgerzentrum, das sich später zum Goldenen Tempel in Amritsar entwickelte. Zu seiner Zeit war an dieser Stelle nur ein kleines Dorf, dem die Legende allerdings nachsagt, daß Guru Nanak hier meditiert und im Teich gebadet habe. Sicherlich trug aber auch die günstige Lage des Ortes in der Nähe der Hauptroute zwischen Kabul und Delhi zur Wahl des Pilgerzentrums bei.

Gemäß Nanaks Grundsätzen blieben die sikhistischen Lehren in der Zeit der ersten fünf Gurus pazifistisch. Sie wandten sich gegen Intoleranz und religiösen Fanatismus gegenüber anderen Religionsgemeinschaften. So ist aus den Hymnen und Versen, die Guru Ram Das verfaßte, eine Anerkennung anderer religiöser Praktiken zu erkennen. Der Sikhismus wird als ebenbürtig neben und nicht über die anderen Religionen gestellt. Dies mag auch damit zusammenhängen, daß beispielsweise stärkere missionarische Anstrengungen mit dem Ziel, Muslime zum Sikhismus zu bekehren, zu scharfen Maßnahmen der islamischen Orthodoxie gegen die noch junge Sikhreligion geführt hätten. Das Hauptinteresse mußte in dieser Phase eher darin bestehen, die Gemeinschaft weiter zu festigen. Zuerst mußte den eigenen Glaubensdoktrinen zur Durchsetzung verholfen werden. Vorher war an eine offensive Religionspolitik ohnehin nicht zu denken. Auf indirektem Wege versuchten die Gurus jedoch, den Sikhglauben attraktiver zu machen und neue Anhänger zu gewinnen. Unter dem fünften Guru, Arjun Dev (1563–1606), erreicht dieser Prozeß einen vorläufigen Höhepunkt: Arjun Dev faßte seine Hymnen mit denen seiner Vorgänger sowie Schriften muslimischer und hinduistischer Heiliger zu einer Anthologie zusammen. Er gab den Sikhs ihre „Bibel", den *Granth Sahib*, „die wohl einzige überkonfessionelle heilige Schrift, die heute noch erhalten ist".[6] Das umfangreiche Buch mit über 6000 Versen ist nicht nach inhaltlichen Gesichtspunkten, sondern nach Ragas, den Takten klassischer indischer Musik, geordnet, da die Hymnen ja auch tatsächlich gesungen werden. In einem Gedicht Guru Arjun Devs wird offenbar, wie weit sich die Sikhs trotz des Respekts vor den anderen Religionen bereits von diesen entfernt hatten und eine bewußte Abgrenzung gegenüber Hinduismus und Islam vornahmen:

> Ich halte mich weder an das Fasten der Hindus,
> noch an den Ramadan der Moslems.
> Ich diene nur dem, der mir Sicherheit gibt.
> Ich diene nur dem einzigen Herrn,
> der zugleich auch Allah ist.
> Ich habe mich vom Hinduismus und Islam losgesagt.
> Ich werde nicht mit den Hindus beten,
> auch nicht wie ein Moslem nach Mekka pilgern.
> Ich diene nur einem Gott und keinem anderen.
> Ich bete nicht zu Götzen,
> ich verrichte nicht das moslemische Gebet.
> Ich lege mein Herz nur zu den Füßen des
> Allmächtigen.
> Denn wir sind weder Hindus noch Moslems.[7]

An die Stelle des Satzes „Es gibt keinen Hindu, und es gibt keinen Muslim.“, mit dem Guru Nanak über religiöse Unterschiede hinweg zur Versöhnung aufgerufen hatte, war hier bereits die deutliche Abgrenzung von den anderen Religionsgemeinschaften getreten.

Neben der Schaffung des *Granth Sahib* legte Arjun Dev an dem von Guru Ram Das geschaffenen Pilgerzentrum in Amritsar den Grundstein für das größte Heiligtum der Sikhs, den Goldenen Tempel. Aufgrund dieser Entwicklungen befürchtete Moghul-Kaiser Jehangir, Arjun Dev könne mit seiner Popularität und durch all seine Aktionen zu großen Einfluß auf die Bevölkerung nehmen. Er beobachtete, wie die Sikhs auch aus den Reihen der Muslime immer mehr Zulauf hatten und im Panjab ihre eigenen religiösen Stätten errichteten. Dem wollte der muslimische Herrscher nicht länger tatenlos zusehen und ließ den Guru im Jahre 1606 zu Tode foltern. Dieser Märtyrertod des Gurus markiert in der orthodoxen Geschichtsschreibung einen Wendepunkt. Von nun an setzte die Wandlung der Sikhs von einer ursprünglich friedfertigen Religionsgemeinschaft in einen kriegerischen Orden ein: Der sechste Guru und Sohn des Märtyrers, Guru Hargobind (1595–1644), soll nun die Bewaffnung der Sikhs angeordnet und die bisher friedliebende Gemeinschaft in einen religiösen Kriegerorden umgewandelt haben. Selten lassen sich jedoch solche historischen Entwicklungen wirklich nur auf ein einziges Ereignis zurückführen. Sicherlich war der Mord an ihrem Guru ein auslösender Faktor, der viele Sikhs nun zur Verteidigung ihres Glaubens zu den Waffen greifen ließ. Die Militarisierung der Gemeinschaft muß jedoch auch im Zusammenhang mit einer wichtigen sozialen Begleiterscheinung gesehen werden: Alle zehn Gurus stammten aus *Khatri*-Familien; die Khatris sind eine städtische Gemeinschaft, deren Hauptbeschäftigung im Bereich von Handel, Verwaltung und Industrie liegt. Von Anfang an wurden jedoch zahlreiche *Jats* von den Lehren der Gurus angezogen. Die Jats aber sind eine ländliche Gemeinschaft von starken, energischen Bauern und Landbesitzern mit martialischen Traditionen, bei denen die Bewaffnung üblich war. Zur Zeit des dritten Guru muß ihre Zahl innerhalb des Gemeinschaft schneller als die jeder anderen Gruppe gewachsen sein. Die neuen Eigenschaften der Sikhs können daher auch mit dem Einfluß der Jats zusammenhängen. Immerhin brachten diese eine kriegerische Grundhaltung mit, die dem Aufruf Guru Hargobinds zur Verteidigung des Glaubens – notfalls auch mit Waffengewalt – entgegenkam. Die Jats stammen wahrscheinlich von einem afghanischen Hirtenvolk ab, das von Osten her in den Panjab einwanderte und entlang des Jamuna-Flusses weiterzog. Während dieser Wanderung soll sich das Hirtenvolk allmählich zu einem Volk von Ackerbauern gewandelt haben. Ein Teil von ihnen wurde schließlich im Panjab seßhaft. Wegen ihrer Vergangenheit als Hirten schauten viele Hindus auf die eingewanderten Jats herab. Die Jats fanden daher Gefallen an den Lehren der Sikh-Gurus, denn diese lehnten ja im allgemeinen das Kastensystem ab und waren bereit, gehobene Positionen innerhalb ihrer Gemeinschaft mit Jats zu besetzen. Heute stellen die Jats die Sikh-Elite der reichen Bauernschaft auf dem Land dar, um deren Gunst die politischen Parteien buhlen. Die Jats sind besonders stolze Sikhs, die nun wiederum auf andere herunterschauen. Sie rechnen sich selbst einer hohen gesellschaftlichen Schicht zu und empfinden eine untergeordnete Tätigkeit, z. B. eine rein handwerkliche Arbeit, als unter ihrer Würde. Die indische, etwa dem „Spiegel" vergleichbare Zeitschrift *Times of India* spricht von einem „Herrscherinstinkt", der in jedem Panjabi Jat „ticke". Die Jat Sikhs haben ganz besonders das Image der Sikhs als stolze und wehrhafte Gemeinschaft geprägt.

Über den siebten Guru, Hari Rai (1630–1661), und den achten Guru, Har Krishan (1656–1664), ist wenig bekannt. Der neunte Guru, Tegh Bahadur (1621–1675), wurde, nachdem er sich geweigert hatte, zum Islam überzutreten, von Moghul-Kaiser Aurangzeb im Jahre 1675 zum Tode verurteilt. Vor seiner Hinrichtung soll er seinen Sohn beschworen haben, seinen Tod zu rächen. Unter der Führung dieses zehnten und letzten Guru, Gobind Singh (1666–1708), vollendete sich die Umwandlung der Sikhs in eine Krieger- und Schicksalsgemeinschaft. Gobind Singh gab dem Sikhismus ein neues Konzept mit festgelegten Riten und Eiden. Es war sein erklärtes Ziel, die Sikhs zu einer Kampfgemeinschaft zusammenzuschmieden. Auf dem Baisakhi-Fest von 1699 einte Gobind Singh die Gemeinschaft zur sogenannten *Khalsa*, der „Bruderschaft der Reinen".

An dieses Ereignis knüpft sich folgende Legende: Guru Gobind Singh versammelte an diesem Festtag eine große Anhängerschar in Anandpur um sich. Nach dem Gottesdienst zog er sein Schwert aus der Scheide und forderte fünf freiwillige Menschenopfer. Nach einigem Zögern erklärten sich schließlich fünf Männer bereit. Guru Gobind Singh führte sie einzeln in ein Zelt und trat dann jeweils mit blutverschmiertem Schwert wieder vor die Versammlung. Nach dem vermeintlichen Tod der fünf ‚Opfer' ließ er sie jedoch völlig unversehrt aus dem Zelt treten, in dem er Ziegen statt der Männer getötet hatte.

Durch ihre Bereitschaft, im Vertrauen auf ihren Guru für den Glauben zu sterben, waren sie zu Märtyrern geworden. Die Geschichte des Baisakhi-Festivals ist ein typisches Beispiel für die Legendenbildung in der Sikh-Geschichtsschreibung, in der gerade Märtyrer-Legenden immer wieder vorkommen. Die Identifikation mit diesen Märtyrer-Figuren der Geschichte spielt auch im aktuellen Selbstbild der Gemeinschaft eine wichtige Rolle.

Gobind Singh entwickelte außerdem das Taufzeremoniell der *Kanda pahul*, bei dem alle – wiederum ohne Rücksicht auf Kastenschranken – aus der gleichen Eisenschale den Amrit, eine Art Zucker-Nektar, trinken. Der Amrit muß mit einem zweischneidigen Schwert angerührt werden. Durch diesen Trank vereinigen sich die Sikhs zur egalitären Gemeinschaft der *Khalsa*, der Reinen. Die fünf Märtyrer erklärte Guru Gobind Singh zur Kerngemeinde der *Khalsa*. Alle männlichen Mitgieder erhalten durch die Taufe den Nachnamen *Singh*, alle weiblichen den Nachnamen *Kaur*. Auf Gobind Singh und die Gründung der Khalsa soll auch der Schlachtruf zurückgehen, den Sikhs heute noch an verschiedenen Stellen des Gottesdienstes im Chor rufen: *Wah Guruji Ka Khalsa. Wah Guruji Ki Fateh* („Die Khalsa sind die von Gott Auserwählten. Möge Gott siegen").

Zusätzlich erließ Gobind Singh eine Kleiderordnung. Sie bewirkte, daß sich die Sikhs nun deutlich sichtbar von Hindus und Muslimen unterschieden. Gobind Singh ließ sie schwören, die sogenannten „fünf k's" zu befolgen: niemals das Kopf- oder Barthaar zu schneiden (kesh), das Haar mit einem Kamm zu befestigen (kangha), einen Eisenarmreif am Handgelenk zu tragen (kara), immer einen Säbel bei sich zu haben (kirpan) und schließlich eine der soldatischen Mode der Zeit entsprechende kurze, über dem Knie endende Hose zu tragen (kuchha). Die Vorschrift, nie die Haare zu schneiden, wird weitgehend befolgt; unter dem Turban der männlichen Sikhs versteckt sich daher oft hüftlanges Haar, und ihre Bärte sind ebenfalls imposant. Die Bezeichnung für einen orthodoxen Sikh lautet daher *keshdari*, d. h. „jemand, der sein Haar nicht schneidet“, der also *kesh,* ungeschnittenes Haar, hat. Auch Methoden wie das Färben von Haupt- und Barthaar oder das bei Hindufrauen beliebte Durchstechen von Ohren und Nase für Schmuckstücke widerspricht dem sikhistischen Ideal der physischen Unversehrtheit. Der Körper ist in perfekter Form von Gott geschaffen worden und soll möglichst wenig verändert werden.[8] Der Drang, sich zu schmücken, ist jedoch auch bei Sikh-Frauen stärker, so daß sich die Lebenspraxis doch sehr von den religiösen Lehren unterscheidet. Auch einige Kleidervorschriften werden heute den Erfordernissen des Alltags angepaßt: Der Kirpan, ursprünglich eine echte Waffe, wird von vielen Sikhs in Miniaturformat – quasi nur noch als Symbol – mit unter den Turban gesteckt. Das spezielle Beinkleid mußte normalen Hosen Platz machen. Religiöse Würdenträger allerdings sind nach wie vor gemäß Guru Gobind Singhs Vorschriften gekleidet. In jüngster Zeit mahnten Sikh-Fundamentalisten eine strengere Befolgung der Kleiderordnung an. Insbesondere an den Universitäten des Panjab setzten Terroristen den jungen Frauen zu, die lieber eine Jeans statt der traditionellen Panjabi-Tracht trugen. Der Parteichef der Sikh-Partei Akali Dal, Simranjit Singh Mann, verzichtete trotz Mandat auf seinen Sitz im Parlament, da er nicht bereit war, seinen überdimensionalen Kirpan zu Hause zu lassen und dieser wiederum als Waffe die Sicherheitsbestimmungen verletzt. Guru Gobind Singhs Vorschriften sorgen also bis heute für Aufsehen.

Da der zehnte Guru keine Kinder hatte und sich auch kein geeigneter Nachfolger fand, erhob er vor seinem Tode den Granth Sahib, das Heilige Buch der Sikhs, zu einer Art ‚schriftlichem Guru‘; dem Heiligen Buch wird seitdem gleiche Verehrung zuteil wie einem lebendigen Guru. Tagsüber liegt der Granth Sahib nicht auf einem Tisch, sondern auf einem kleinen Bett, einem mit Brokat durchwirkten Paradekissen. Er wird stets mit frischen Blumenketten umkränzt und in der heißen Jahreszeit während der Rezitation von einem Tempeldiener befächelt. In Sikh-Tempeln, den Gurdwaras, wird der Granth Sahib nachts in einer Prozession in einen speziellen Raum getragen und dort zur Ruhe gebettet.

Zusätzlich schuf Gobind Singh die ‚Sarbat Khalsa': Diese Einrichtung bedeutet, daß der Guru immer dann imaginär anwesend ist, wenn sich fünf orthodoxe Sikhs aus der Bruderschaft der Reinen in seinem Namen versammeln.

Unter dem zehnten Guru vollendete sich somit die religiöse Lehre der Sikhs. Mit der Erhebung des Granth Sahib zum schriftlichen Guru hatte Gobind Singh den Sikhs eine ewige Autorität gegeben. Mit der Kanda pahul gab er ihnen ihr Sakrament und mit der Kleiderordnung der 5 k's ein einheitliches Erscheinungsbild zur Homogenisierung innerhalb der Gemeinschaft und zur Unterscheidung von anderen Religionsgemeinschaften. Vor allem aber die Einschwörung auf eine ständige Verteidungsbereitschaft schuf für die Sikhs das Modell des idealen Sikh, der kräftig, sportlich, fit und gesund ist und notfalls tapfer und unerbittlich seinen Glauben verteidigt. Ein ungeheurer Anspruch an das Individuum also, denn natürlich entspricht nicht jeder Sikh diesen Eigenschaften. Um dem Erwartungshorizont näher zu kommen, hat er jedoch in den Gurus einen Wegweiser: Die sikhistische Religion wird von ihren Anhängern insgesamt nicht als eine Ansammlung von Anschauungen und Doktrinen empfunden, sondern als ein Lebensweg, der sich an einem bestimmten Modell orientiert. Die Persönlichkeit der Gurus wirkt in jedem Anhänger des Sikhglaubens weiter und soll seine Existenz zu den besseren und höheren Zwecken hin leiten. Das Verhältnis zwischen Guru und Schüler geht dabei über die reine Vorbildhaftigkeit hinaus. Der Sikh nimmt den Guru vielmehr förmlich in sich auf. Folgendes Zitat aus der pamphletistischen Sikh-Literatur veranschaulicht diese Vorstellung: „Ein Sikh, ein überzeugter Sikh, der die Lehren seines Gurus befolgt, hat eine große Stärke in sich, aber wenn er die dynamische Persönlichkeit eines so perfekten Vorbildes wie Guru Gobind Singh in sich aufnimmt, wachsen seine Kräfte ins Unermeßliche und er wird ein Superman."[9] Der verinnerlichte Guru umgibt den einzelnen mit dem Mythos der Unverletzbarkeit: „Seine Natur wird in jeder Hinsicht so verstärkt, daß er, auch wenn Hunderte um ihn herum zu Boden fallen, bis zum Schluß Widerstand leistet und nicht nachgibt.«[10] Die Inkorporation des Gurus führt zu den Ausdrucksformen absoluter Grandiosität im Hinblick auf die physischen, mentalen und spirituellen Kräfte, einem ‚Superman'-Syndrom.

Mit der Reorganisation der Sikhgemeinschaft, den neuen verbindlichen Vorschriften und der Propagierung kriegerischer Tugenden wie Kampfbereitschaft und Mut zur Verteidigung des Glaubens kristallisiert sich ein neues Selbstverständnis des Sikh heraus; Militanz und Martyrium des Idealsikh werden zu zentralen Werten, an denen sich der einzelne messen muß. Der verinnerlichte Guru stattet den einzelnen zwar mit physischen, mentalen und spirituellen Kräften aus, die ihm ermöglichen sollen, auch grausamste Bewährungsproben für seinen Glauben durchzustehen und gegebenenfalls das Martyrium aufsichzunehmen. Gleichzeitig wird der einzelne aber auch darauf verpflichtet, diesem verinnerlichten Ideal gerecht zu werden. Eigenschaften wie Schwäche, Feigheit und Faulheit haben dabei keinen Platz und müssen unterdrückt werden.

Die Einschwörung auf die kriegerischen Tugenden diente als Vorleistung für den künftigen Bestand der Gemeinschaft im 18. Jahrhundert. In diesem Jahrhundert stehen die Sikhs vor großen politischen Herausforderungen. Innerhalb von dreißig Jahren wird der Panjab zehnmal vollständig von Moghulen, Persern, der Kabul-Dynastie und Kriegerheeren der Marathen ausgeplündert, die den Panjab als Einfallstor nach Indien benützen. Mit ihrer Kampfbereitschaft verteidigen die Sikhs nicht nur den eigenen Glauben, sondern immer wieder auch den Subkontinent vor einfallenden feindlichen Heeren. Auf die kriegerische Herausforderung reagieren die Sikhs, indem sie Guerilla-Truppen bilden, die sich später zu zwölf größeren Konföderationen zusammenschließen. Diese Milizen schlagen nicht nur die einfallenden Moghulen und Marathen, sondern schalten auch die Autorität der muslimischen Gouverneure im Panjab völlig aus. Sie errichten Festungen und verlangen den Dörfern und Städten Steuern ab.

Den Höhepunkt ihrer politischen Macht erreichen die Sikhs unter Ranjit Singh (1781–1839), dem es gelingt, die Milizen unter seine Kontrolle zu bringen. 1799 zieht Ranjit Singh in die formale Hauptstadt Lahore ein, läßt sich zum König krönen und errichtet eine militärische Theokratie mit einer einheitlichen Befehlsspitze und einem neuen imperialen Status. Nach Guru Gobind Singh wird Ranjit Singh als Krieger der Sikhs auch heute noch am meisten verehrt. Schön soll er jedoch nicht gerade gewesen sein. So berichtet eine Anekdote, daß ihn seine Kurtisane gefragt haben soll „Wo warst du, als Gott gutes Aussehen verteilte?". Selbstbewußt soll der Herrscher geantwortet haben: „Ich war damit beschäftigt, meine Macht auszubauen."[11] Nach einer zweitausendjährigen Geschichte der Invasionen baute Ranjit Singh erstmals eine Armee auf, welche die Eroberer Indiens, allen voran die Pathanen und Afghanen, zurückwarf. Das Sikh-Königreich unter Ranjit Singh hielt wie eine schier uneinnehmbare Bastion auch am längsten dem Druck der britischen Besatzungsmacht auf dem indischen Kontinent stand. Der Bedrohung durch den Vorstoß der britischen Ostindiengesellschaft begegnete Ranjit Singh mit der raschen Modernisierung seiner Armee. Er veranlaßte den Aufbau einer Infanterie, für die unter anderem desertierte Soldaten der Ostindiengesellschaft, also Hindus und Muslime, angeheuert wurden. Er ließ die Artillerie technisch auf den neuesten Stand bringen und holte sogar europäische Offiziere nach Indien, welche die Sikh-Truppen in ‚abendländischer Kriegstechnik' unterwiesen. Die Soldarmee war eine finanzielle Last und löste einen zunehmenden Finanzierungsdruck aus, weil die Soldaten auch noch mit Plündergut bestochen werden mußten, um nicht zu meutern. Immer neue Beutezüge und Eroberungen waren nötig, um die Soldaten zufriedenzustellen. Dieser Druck hatte zur Folge, daß sich das Sikh-Territorium unter Ranjit Singh zwischen 1810 und 1820 verdoppeln konnte und mußte. Schließlich reichte es an seiner nordwestlichen Grenze bis zum Khyber-Pass hinauf. Das riesige Sikh-Königreich unter der Herrschaft Ranjit Singhs dient den modernen Vorkämpfern für einen separaten Sikh-Staat heute als historische Vorlage und zukunftsweisendes Modell. Nur zu gerne würden manche Sikhs losgelöst von der indischen Union zur alten Stärke und Bedeutung dieses Sikh-Reiches zurückfinden.

Nach 1821 findet die Expansion des Königreiches ihr Ende. Kleinere Sikh-Fürstentümer hatten sich unter britisches Protektorat gestellt. Das machte einen Vorstoß in südlicher Richtung über den Sutlej-Fluß hinaus unmöglich. Der geschilderte Finanzierungsdruck der Soldarmee mußte sich daher nun nach innen wenden. Per entsprechendem Besteuerungsverfahren mußte das Beste aus dem bereits besetzten Gebiet herausgeholt werden. Der Tod Ranjit Singhs im Jahre 1839 bedeutete das Ende des Sikh-Reiches: Der Kampf um die Nachfolge unter seinen sieben Söhnen und weiteren Anwärtern auf Machtpositionen im Panjab schwächte die ehemalige Einheit und Stärke. Dem Druck der britischen Besatzungsmacht auf dem indischen Kontinent konnte nun auch im Panjab nicht mehr standgehalten werden. Dennoch siegten die Briten im Ersten Anglo-Sikh-Krieg (1845/46) teilweise mehr aus Glück als aus strategischer Überlegenheit. Erst der Zweite Anglo-Sikh-Krieg (1848/49) führte zur Konsolidierung der britischen Herrschaft im Panjab.

3. Die Erfolgsgeschichte der Sikhs unter den Briten

Nach der zähen Eroberung des Panjab versuchten die Briten zunächst, die Armeen der Sikhs aufzulösen und ihre Macht endgültig zu zerstören. Bezeichnend dafür waren die Worte des Generalgouverneurs Lord Dalhousie: „Meine Aufgabe ist die endgültige Zerstörung und Entkräftung der Macht der Sikhs, der Sturz ihrer Dynastie und die Unterwerfung des Volkes. Sie muß schnellstens, gründlichst und endgültig stattfinden.“[12] 1857 jedoch, als es zum Sepoy-Aufstand, der großen Meuterei von Teilen der britischen Kolonialarmee, kam, wendeten die Briten ihre Strategie um 180 Grad: Sie betrachteten das militärische Potential im Panjab nunmehr als Reservoir für ihre eigenen Zwecke. Die Briten hatten gesehen, welchen Kampfgeist die Sikhs an den Tag legen konnten. Sie hatten am eigenen Leib erfahren, welchen militärischen Aufwand es sie gekostet hatte, den Panjab gegen den entschlossenen Widerstand der Sikhs einzunehmen. Nun sollte es gelingen, diese Stärke der Sikhs für die eigenen Interessen nutzbar zu machen, notfalls mit Hilfe eines psychologischen Tricks. Sikhs wurden mit allen Raffinessen für die Kolonialarmee angeworben. Die Briten entwickelten eigens eine Strategie, um die Loyalität der Sikhs für sich zu gewinnen und gleichzeitig ihren Kampfgeist zu erhalten. Dem *Granth Sahib* wurden militärische Ehren zuteil; britische Offiziere scheuten sich nicht, vor dem Granth Sahib zu salutieren. Gleichzeitig erlaubte man den Sikhs nicht nur, sondern verlangte geradezu von ihnen, daß sie sich an die traditionelle Sikh-Kleiderordnung hielten. Die „fünf k's" wurden sozusagen zur militärischen Vorschrift, zu einem Bestandteil der Uniform, am Ende zu einem soldatischen Stereotyp: So erzeugt das Militär den Standardsikh. Sikhs wurden bevorzugt behandelt, ihre religiösen Merkmale erhielten eine spezielle Rückendeckung durch die Kolonialherren. Diese wollten verhindern, daß sich Sikhs vom orthodoxen Sikhglauben abwandten. Denn man befürchtete, ein Wiederaufgehen im Hinduismus werde den Kampfgeist der Sikhs zunichte machen. Die Briten hatten früh erkannt, daß der ideelle Anspruch an das soldatische Ethos und die tatsächliche militärische Überlegenheit bei den Sikhs eng mit ihrer Religion verknüpft ist und nicht losgelöst davon gesehen werden kann. Für die Sikhs brachte der Armeedienst Karrieremöglichkeiten, Prämien und Pensionen, so daß der Züchtung des Sikh-Soldaten als „Kampfmaschine" im Dienste der Briten nichts im Wege stand. Schon 1860 rekrutierten sich ca. 15 bis 20% der britischen Kolonialarmee aus Sikhs. Für die *Jat*-Bauernschaft bedeutete es eine willkommene ökonomische Absicherung, wenn aus fast jeder Familie ein Mitglied in der Armee diente. Die Bevorzugung von Sikhs bei der Rekrutierung für die Kolonialarmee führte dazu, daß viele Hindus zum Sikhismus übertraten, um sich ebenfalls einen der begehrten Posten in der Armee zu sichern.

Das Interesse der Kolonialmacht beschränkte sich aber nicht auf die Rekrutierung von Sikhs; sie stellte auch die Grundlagen einer ökonomischen Prosperität des Panjab und der Jat-Bauern sicher: Für die Landwirtschaft, insbesondere den Baumwollanbau, wurden im südlichen Panjab große Wüstengebiete durch Kanalsysteme erschlossen und neue Siedlungsgebiete angelegt. Die Landerschließungsmaßnahmen wurden durch den Bau von Straßen und einer Eisenbahnlinie ergänzt. Der Panjab fand so Anschluß an den Weltmarkt. Der Ausbau der Infrastruktur geschah jedoch nicht aus gutem Willen allein. Die Agrarentwicklung und Machteinbindung förderte gleichzeitig die bürokratische Erfassung des Panjab seitens der Kolonialmacht: „Der territoriale Zugriff des Kolonialstaates änderte sich im 19. Jahrhundert grundlegend, als Eisenbahn und Telegraph Indien mit einem Kommunikationsnetz überzogen und zugleich – durch Suezkanal, Dampfschiff und Überseetelegraph – die Kontakte der Londoner Bürokratie zur britischen Bürokratie in Indien viel enger wurden; zwangsläufig intensivierte sich damit zugleich auch die bürokratische Kontrolle."[13]

Die infrastrukturellen Verbesserungen im Panjab und die Kooperation mit den Vertretern der Kolonialherrschaft erfaßte schließlich auch den Bildungs- und Erziehungssektor. Die städtischen Schichten der Panjabis erhielten Zugang zu westlicher Bildung. Zusätzlich zum bestehenden indischen Elementarschulwesen wurden Mittel- und Oberschulen sowie Colleges etabliert. Eine über das Elementare hinausgehende Bildung war zum einen als Voraussetzung für eine spätere Anstellung in der Kolonialverwaltung begehrt. Zum anderen wurden die westlichen Bildungsinhalte von vielen Indern selbst als fortschrittlicher angesehen. So entstand eine neue, von westlichen Ideen und Werten beeinflußte indische Elite. Im Panjab wurden jedoch die einheimischen Traditionen weniger geschwächt als in anderen Teilen Indiens. Da die Briten den Panjab erst sehr viel später einnehmen konnten als andere Teile Indiens, hatten sie weniger Zeit, um die einheimischen Traditionen zu durchdringen und abzulösen. Darüber hinaus hatten die Briten mittlerweile eine neue Wertschätzung für die indische Kultur entwickelt und wollten dem indischen Volk gerade in einer strategisch wichtigen Gegend nicht ihre Kultur aufzwingen.

Die Strategie bestand eher darin, den traditionellen Inhalten etwas Neues hinzuzufügen, und nicht, diese zu ersetzen. Einige Briten, „die Orientalisten", förderten deshalb zum Beispiel das Studium der indischen Kultur und Sprachen. Sie sahen darin eine Ergänzung zur westlichen Bildung. Viele Panjabis begannen vice versa, sich mit westlichen Ideen und Einstellungen auseinanderzusetzen und diese teilweise zu übernehmen. Den Panjabis und insbesondere den Sikhs unter ihnen eröffneten sich dadurch weitere Berufs- und Aufstiegschancen. Sie wurden nicht nur in der Armee, sondern auch in der Polizei, der Verwaltung und im Rechtswesen eingesetzt und reagierten mit Begeisterung auf die neuen Entwicklungen im Panjab. Durch ihren sozialen und wirtschaftlichen Aufstieg wurden die Sikhs zum Modell; ihr Wohlstand und ihre relativ egalitäre Organisation machten sie noch attraktiver – besonders für Hindus aus niedrigen Kasten bzw. Kastenlose, die zum Teil zum Sikhismus übertraten, da er ihnen soziale und berufliche Vorteile versprach. Während sie als Hindus am untersten Ende der sozialen Hierarchie ohne Aufstiegsmöglichkeiten nur auf eine Verbesserung im nächsten Leben hoffen durften, gab die Konvertierung zum Sikhismus ihnen die Möglichkeit eines sofortigen sozialen und wirtschaftlichen Aufstiegs und einer Teilhabe an den rasanten Entwicklungen im Panjab.

Der so erfolgreichen Sikhgemeinschaft erwächst aber durch die christlichen Missionare und durch neohinduistische Reformbewegungen bald eine kulturelle und religiöse Bedrohung: Ab 1870 betreibt die ‚Arya Samaj' Propaganda gegen die Sikhs und versucht, Sikhs zum Hinduismus zu rekonvertieren. Sie spricht ihnen eine eigene religiöse Identität ab, denn eigentlich sei die ‚neue Religion' doch nur eine Abspaltung vom Hinduismus. Außerdem zeige ja die tägliche Praxis, daß sich die Sikhs entgegen ihrer Vorsätze doch nach dem Kastenwesen richten. Bestenfalls seien sie eine Sekte innerhalb des Hinduismus. Dieser Angriff ist ein Vorwurf, gegen den sich der Sikhismus bis heute wehren muß. Deshalb muß er immer wieder die Unterschiede betonen, auch wenn sich viele Sikhs den Hindus verbunden fühlen. Gleichzeitig mit der Bedrohung durch die

Arya Samaj versuchten christliche Missionare, Hindus, die zum Sikhismus übergetreten waren, abspenstig zu machen und für den christlichen Glauben anzuwerben. Die religiösen Organisationen benutzten hier die gleiche Strategie wie politische Parteien, die die Stimmen der „Wechselwähler“ für sich gewinnen wollen. Um diesen Bestrebungen entgegenzutreten, bildeten sich um 1880 zwei sikhistische Reformbewegungen, die ‚Amritsar Singh Sabha‘ und die ‚Lahore Singh Sabha‘. Die Anhänger der Amritsar Singh Sabha stammten größtenteils aus dem konservativen Großgrundbesitzertum; sie setzten sich vor allem dafür ein, die Kenntnisse der Granth-Schriften zu verbessern und Sikh-Schulen zu gründen. Die andere Organisation der Sikhs, die Lahore Singh Sabha, rekrutierte sich überwiegend aus der neuen westernisierten Sikh-Schicht. Sie setzte sich dafür ein, den Unberührbaren Zugang zu den Tempeln zu verschaffen und eine tatsächliche Durchsetzung des Egalitarismus in der Sikhgemeinschaft zu bewirken. Sie etablierte Zweigstellen in vielen Städten des Panjab und sandte Missionare in die Dörfer, um ihre Ziele flächendeckend zu verwirklichen. Insgesamt wirkte sich die Tätigkeit der beiden Singh Sabhas in einem Publikationsboom von Sikh-Schriften aus. Zeitschriften und Verlage wurden gegründet, Heiligenlegenden aufgeschrieben, englische Schulbücher ins Panjabi übersetzt. Nach Einführung der Druckerpresse in Indien setzte eine Flut gedruckter religiöser Propaganda ein, die das Land mit Pamphleten der verschiedenen Religionsgemeinschaften überschwemmte. Gleichzeitig gründeten die Sikhs Schulen und Universitäten – zum Beispiel das berühmte Khalsa College von Amritsar im Jahre 1893. Die Singh Sabha Bewegung und die daraus entstandenen Institutionen der Elitenbildung dienten gleichzeitig zwei Zielen, die zu diesem Zeitpunkt der historischen Entwicklung noch Hand in Hand gingen: Zum einen ging es darum, die Loyalität gegenüber den Briten zu wahren, um die eigenen Interessen zu sichern. Zum anderen mußte die Sikhgemeinschaft gegenüber der neohinduistischen und christlichen Bedrohung verteidigt werden. Beides wurde von der Kolonialmacht ihrerseits unterstützt: Führende Kolonialbeamte regten philologische Studien zur Sikhreligion an. Deren Ergebnisse bekräftigten den vermeintlichen Antagonismus zwischen Hinduismus und Sikhismus und trugen somit zur ideologischen Untermauerung einer separaten Sikh-Identität bei. Von Guru Nanaks Vermittlungswillen und Versöhnungsgedanken zwischen den großen Religionen war hier wenig zu spüren. Die Versuche der Traditionserneuerung und der religiösen Abgrenzung fanden schließlich in der Gründung des ‚Chief Khalsa Diwan' im Jahre 1902 ihren Abschluß. Diese Dachorganisation vertrat in der Folgezeit die Interessen der reichen Sikh-Großgrundbesitzer und verhielt sich die gesamte Kolonialzeit hindurch loyal zur britischen Herrschaft. Mit der Gründung der genannten Institutionen folgten Sikhs dem allgemeinen Trend, sich zu organisieren und zu definieren, um die separate Identität gegenüber den rasanten Entwicklungen zu bewahren und zu schützen.

Die religiöse Differenzierung wurde zusätzlich durch überlappende Konfliktfelder im politisch-wirtschaftlichen Bereich vertieft. Hindus, Muslime und Sikhs rivalisierten bis Ende des 19. Jahrhunderts um eine bevorzugte Stellung und Behandlung durch die kolonialen Herrscher. Die britische Regierung tendierte dazu, Sikhs und Muslime zu bevorzugen. Die Muslime bildeten die Mehrheit der Bevölkerung im Panjab, hinkten jedoch den anderen Religionsgemeinschaften in den Bereichen Erziehung und Wirtschaft hinterher. Sie waren die Sorgenkinder der Kolonialherren, die aufgepäppelt werden mußten. Die Lieblingskinder der Kolonialmacht waren die Sikhs, die wegen ihrer militärischen Bedeutung für die Armee-Rekrutierung verwöhnt wurden. Sikhs und Muslime zählten mehrheitlich zur Bauernschaft des Panjab. Ihre Zufriedenheit wurde als Voraussetzung für Stabilität angesehen. Im Gegensatz dazu strebten Hindus in die höheren Positionen der Kolonialverwaltung und spielten eine wachsende Rolle in Wirtschaftsunternehmen. Dennoch waren ihre Aufstiegsmöglichkeiten als Inder in diesen Bereichen stets beschränkt. Dadurch entstand zuerst bei den Hindus ein Widerstandspotential gegen die Kolonialherrschaft. Erst später und aus anderen Impulsen sprang dieser Funke auch auf Teile der Sikhgemeinschaft über.

4. Das Ende der imperialen Romanze

Die vordergründige ‚Erfolgs'-Geschichte des Panjab täuscht über tieferliegende, durch die kolonialen Umwälzungen ausgelöste soziale Problematiken hinweg: Durch die genannten infrastrukturellen Veränderungen stiegen die Preise für Grund und Boden rasant. Ein Acre Land (4047 m^2) kostete um 1870 noch zehn Rupees, um die Jahrhundertwende aber bereits mehr als das Zehnfache. Land wurde zum Spekulationsobjekt, in das Händler, Geldverleiher und Städter investierten, das ansonsten jedoch unproduktiv brachlag oder zu horrenden Summen an Kleinbauern verpachtet wurde. Zu einer echten Produktivitätssteigerung im Bereich der landwirtschaftlichen Güter trugen diese Strukturen nicht bei. Die Kleinbauern mußten sich zunehmend bei Geldverleihern verschulden. Es kam zu Land-Enteignungen. Die Zahl landloser Bauern, die ihre kleinen Grundstücke verkauft hatten, stieg an. Hungersnöte und der Ausbruch der Beulenpest verschlimmerten die Notlage. Darüber hinaus führten die Briten das europäische Land-Besitzrecht ein, welches das in Indien traditionelle erbliche Bebauungsrecht ablöste. Das koloniale Besteuerungssystem und die tiefgreifenden Umwandlungen der Agrarstruktur führten zur Ausbildung eines indischen Agrarproletariats.[14] Weiter erhöhte Steuersätze und Wasserzinsen schürten die Not der Bauern und führten zu vereinzelten Protestbewegungen, die gewaltsam aufgelöst wurden. Insgesamt jedoch verhielt sich die Bevölkerung im Panjab trotz ökonomischer Not relativ ruhig.

Die früheste Form des organisierten Sikh-Protestes gegen die britische Kolonialherrschaft hatte ihren Ursprung im Ausland. Viele Sikhs der ärmeren Schichten, die keinen Posten in der Armee ergattern konnten, waren wegen ihrer Verschuldung bei Geldverleihern und ihrer insgesamt schlechten wirtschaftlichen Lage nach Kanada und in die Vereinigten Staaten ausgewandert. Allein in Vancouver wurden 1906 über 1500 Sikhs gezählt, die in Berg- und Sägewerken sowie beim Gleisbau Beschäftigung fanden. Circa 90 % der nach Kanada ausgewanderten Sikhs ließen sich in British Columbia nieder und 90% derer, die in die Vereinigten Staaten ausgewandert waren, lebten in Kalifornien. Die um die Jahrhundertwende einsetzende Einwanderungswelle chinesischer, japanischer und indischer Arbeiter führte in Kanada zu stark anti-asiatischen Ressentiments. In dieser Zeit wurde ein Lied mit dem Titel „White Canada for ever" populär, das folgenden rassistischen Refrain enthielt: „Then let us stand united all/ And show our father's might,/ That won the home we call our own,/ For white man's land we fight./ To oriental grasp and greed/ We'll surrender, no never,/ Our watchword be ‚God save the King'/ White Canada for ever."[15] Es kam zu einzelnen Ausschreitungen und schließlich zu einer verschärften Gesetzgebung. Diese sollte die Einreise weiterer asiatischer Immigranten unterbinden. Als Konsequenz stieg die Einwanderung in die Vereinigten Staaten sprunghaft an. Dort schlug den Einwanderern jedoch eine noch schärfere Ablehnung entgegen: 1908 entstand in Kalifornien die ‚Asiatic Exclusion League', eine ausländerfeindliche Vereinigung, die Pogrome gegen die asiatischen Einwanderer organisierte. Der durch die Lokalpresse aufgeputschte Rassismus richtete sich – wie auch in Kanada – speziell gegen die Sikhs, die durch ihr äußeres Erscheinungsbild mit dem Turban und den langen Bärten innerhalb der asiatischen Einwanderer besonders auffielen und sich durch ein zusätzliches Merkmal der Fremdheit zum Angriffsziel machten. Die Einwanderungsbehörde der USA gab sich nicht mit gesetzlichen Vorkehrungen ab. Sie schickte die asiatischen Einwanderer kurzerhand zurück. Als Begründung wurde mal das eine, mal das andere Argument vorgeschoben: Der Einwanderer habe das Ausländer-Arbeitsrecht verletzt oder er leide an einer ansteckenden Krankheit. Die Tatsache, daß die britische Regierung die anti-indischen Ausschreitungen, die diskriminierenden gesetzlichen Bestimmungen und die vorgeschobenen Abschiebungsgründe mit keiner einzigen Stellungnahme kritisierte, brach die Loyalität der nach Kanada ausgewanderten Sikhs. 1913 schlossen sie sich in Stockton zur Organisation der „Hindustani Workers of the Pacific" zusammen, welche sich wenig später zur revolutionären *Ghadr*-Partei formierte. *Ghadr* bedeutet Revolution. 1914 zählte diese Bewegung, die sich das Ende der britischen Herrschaft in Indien zum Ziel gesetzt hatte, bereits 10.000 aktive Mitglieder. Sie kollaborierten mit terroristischen Organisationen in Indien, entwickelten Pläne für eine gesamtindische Rebellion und nahmen Kontakt mit Deutschland auf, das sich mit den Briten im Kriegszustand befand. Ihre Zeitschrift ‚*Ghadr*' zirkulierte in allen indischen Gemeinden in Kanada, Japan, Hongkong, China, Singapur und Ostafrika.

Ein bedeutender Vorfall, der zum Export der unter den ausgewanderten Sikhs gewachsenen anti-britischen Haltung in den Panjab führte, war die Affäre um das japanische Passagierschiff Komagatu. Der Komagatu Maru, die fast 400 Sikh-Emigranten an Bord hatte, wurde am 23. Mai 1914 nicht erlaubt, in den Hafen von Vancouver einzulaufen. Das Schiff dümpelte mit seinen Passagieren zwei Monate vor der kanadischen Küste und erregte internationales Aufsehen. Keiner durfte von Bord gehen. Und niemand durfte den Schiffsinsassen frische Lebensmittel an Bord bringen. In Kanada lebende Sikhs appellierten an das kanadische Volk und an die Regierung, sandten Bitt-Telegramme an die Verantwortlichen in Kanada, England und Indien. Im Panjab fanden Sympathiekundgebungen für die Passagiere der Komagatu Maru statt. Alle Agitationen blieben jedoch erfolglos. Schließlich wurde die Komagatu nach Bengalen zurückgeschickt, wo die Passagiere nach insgesamt fast einjährigem Aufenthalt auf dem Schiff gezwungen werden sollten, sofort bereitstehende Züge zu besteigen. Diese sollten die Passagiere ungeachtet ihrer Herkunftsorte in verschiedene Himmelsrichtungen verteilen, um eine gemeinsame Aktion der Rückkehrer von vornherein zu vereiteln. Die Sikhs widersetzten sich dieser Anordnung. Darauf wurden 18 Menschen von der Polizei und einer Armee-Einheit erschossen; 25 weitere wurden verletzt. Die verbliebenen Sikhs kehrten in ihre Dörfer im Panjab zurück. Einige von ihnen wurden durch ihre Erlebnisse zu anti-britischen Revolutionären und agitierten im Panjab für eine gewaltsame Befreiung von der britischen Herrschaft. In Kanada machten sich im gleichen Jahr Tausende von Anhängern der *Ghadr*-Bewegung auf den Rückweg nach Indien, um dort den Freiheitskampf zu unterstützen. Die Kämpfer waren jedoch nur unzureichend mit Waffen versorgt. Sie fanden außerdem wenig Unterstützung bei der indischen Bauernschaft. Insbesondere die Landbesitzer verhielten sich loyal zur Kolonialverwaltung. Und schließlich funktionierte auch der britische Nachrichtendienst zu gut: Alle Revolutionsversuche schlugen fehl. 42 Anhänger der *Ghadr*-Bewegung wurden zum Tode verurteilt, über 200 erhielten lange Freiheitsstrafen.

Die *Ghadr*-Revolutionäre hatten im Panjab nicht wie erwartet einen für den Freiheitskampf bereiten Boden vorgefunden. Stattdessen stießen sie auf eine Bevölkerung, die ihre Kampfkraft den Briten an den Fronten des Ersten Weltkrieges zur Verfügung stellte. Während sich im Ausland der erste organisierte Widerstand der Sikhs formiert hatte, war die politische Stimmung bei den in Indien lebenden Sikhs vor und während des Ersten Weltkrieges noch vornehmlich von Loyalität geprägt. Noch war die Bevölkerung zu beeindruckt von der vordergründigen Erfolgsgeschichte der Sikhs unter den Briten, von den infrastrukturellen Verbesserungen und der eingeleiteten Modernisierung. Die Loyalität gegenüber der Kolonialherrschaft ging so weit, daß sich die Chief Khalsa Diwan selbst als Wächter über den Erhalt der britischen Herrschaft definierte und die Anhänger der *Ghadr*-Bewegung als Feinde der Sikhgemeinschaft ächtete und verurteilte. Das Agrarproletariat des Panjab fand in den Sikh-Institutionen kein Sprachrohr für seine Nöte. Die Amritsar- und die Lahore Singh Sabha waren Institutionen der Elitenbildung. Ihre Mitglieder waren als Händler, feudale Landbesitzer und frühe Kapitalisten natürliche Kollaborateure der britischen Herrschaft. Die damit vorgegebene psychologische Orientierung sah in den beiden großen Religionsgemeinschaften Indiens, den Hindus und den Muslimen, eine Bedrohung der separaten Sikh-Identität, in den britischen Kolonialherren jedoch einen großen Wohltäter.

Erst nach dem Ersten Weltkrieg fand die Zusammenarbeit und Verbundenheit der Mehrheit der Sikhs mit der britischen Kolonialmacht endgültig ihr Ende. Während des Krieges hatte die Loyalität und Kampfbereitschaft der Sikhs ihren Höhepunkt erlebt. Tausende von Sikhs hatten sich freiwillig gemeldet und an deutschen und türkischen Fronten gekämpft. Der Sikh-Beitrag an Soldaten und Warenleistungen soll um das Zehnfache größer gewesen sein als der jeder anderen Volksgruppe. Ihren Leistungen entsprechend erwarteten die Sikhs nach Kriegsende nun auch eine angemessene wirtschaftliche Entschädigung oder politische Anerkennung – insbesondere im Hinblick auf die Mandatsverteilung in der Provinzregierung des Panjab. Nicht Gruppenstärke sondern Gruppenverdienst sollte nach Meinung der Sikhs also über die Verteilung der Mandate entscheiden. 1921 wurden im Panjab 51% Muslime, 35,1% Hindus, lediglich 12,4% Sikhs, 1,3% Christen und 0,2% andere Religionsgemeinschaften registriert. Sikhs hatten sich deshalb eine eigene, von Zahlen unabhängige Argumentation zueigen gemacht: Ihr Stellenwert könne nicht nach ihrem bevölkerungsmäßigen Anteil bemessen werden, sondern er müsse an ihren militärischen Leistungen, ihrem hohen Bildungsgrad und ihrer ökonomischen Bedeutung erkannt und festgesetzt werden. Die am 8. Juli 1918 veröffentlichten Montagu-Chelmsford-Reformen machten die Hoffnungen der Sikhs auf eine erweiterte politische Repräsentation jedoch mit einem Schlag zunichte. Der im Jahre 1919 für den Panjab gebildete Landtag wies folgende Sitzverteilung auf: Die Sikhs erhielten 15 von insgesamt 93 Sitzen, während die Muslime 52 Sitze bekleideten. Obwohl diese Verteilung keineswegs der Erwartungshaltung der Sikhs auf ein Drittel der Sitze im Parlament des Panjab entsprach, erhielten sie mit 18,5% der Sitze eine über ihrem bevölkerungsmäßigen Anteil von ca. 12% liegende Repräsentation. Das Denkmuster, daß den Sikhs auf Grund ihrer Verdienste eine Bevorzugung zustehe, ist immer noch aktuell. Sikhs argumentieren heute, daß sie sich in den Kriegen gegen Pakistan große Verdienste für die Indische Union erworben haben und daß ihre fleißigen Landwirte im Panjab den Brotkorb Indiens füllen.

Wurde schon der politische Machtanspruch der Sikhs nicht erfüllt, so trugen weitere Ereignisse zur Entfremdung zwischen Briten und Sikhs und zur wachsenden Politisierung der Sikhgemeinschaft bei. Das eine ging als ‚Massaker von Jallianwala Bagh' in die Sikh-Geschichte ein. Im Panjab hatte sich Widerstand gegen die repressiven Maßnahmen der sogenannten „Rowlatt Bills" formiert; diese Gesetze waren im März 1919 erlassen worden, um politische Agitationen der nationalen Befreiungskämpfer zu unterbinden. Aus der Stadt Jallandar wurde Brigade-General Dyer mit Truppen nach Amritsar gerufen. Er verhängte den Ausnahmezustand und erklärte jegliche Versammlung in Amritsar für illegal. Für den nachfolgenden Tag, den 13. April 1919, hatte die lokale Kongreß-Partei jedoch anläßlich des *Baisakhi*-Festes eine Versammlung am Jallianwala Bagh angekündigt, einem von hohen Mauern umschlossenen großen Platz. Da viele noch nichts von dem Versammlungsverbot in Amritsar gehört hatten, fanden sich mehrere Tausend Menschen auf dem Platz ein. Die Führer der lokalen Kongreßpartei nutzten die Gelegenheit, um die Versammelten über die Ereignisse der letzten Tage und die neuen Bestimmungen zu informieren. General Dyer, der von der friedlichen, jedoch nicht genehmigten Versammlung am Jallianwala Bagh erfuhr, versperrte mit fünfzig Elitesoldaten den einzigen Ein- und Ausgang des Platzes, eine schmale Gasse zwischen zwei Gebäuden. Im Nu nahmen die Soldaten rechts und links vom General Stellung. Dieser gab ohne vorherige Warnung Schießbefehl. Nach offiziellen Angaben wurden 379 Menschen getötet und über 2000 Menschen verletzt.

Gemälde im Museum des Goldenen Tempels erinnern heute an das grausame Ereignis, bei dem sich viele Menschen in Panik in einen tiefen Brunnenschacht in der Mitte des Platzes stürzten. Atmosphärisch ist das Grauen dieses Massakers auf dem Platz selbst immer noch gegenwärtig, obwohl nur eine schlichte Gedenktafel an dem engen, düsteren Hofeingang daran erinnert. Bei einem befreundeten Sikh, der mich zum Jallianwala Bagh begleitet, spüre ich, wie dieses Massaker im kollektiven Gedächtnis der Sikhs verankert ist. Seine bewegte Erzählung läßt das Grauen und die Verzweiflung der hilflosen Menschen, die keine Chance hatten, dem brutalen Bombardement zu entfliehen, neu entstehen. Beim Blick in den tiefen Brunnenschacht wage ich mir kaum vorzustellen, wie sich hilflose Frauen und Kinder hinabstürzten, um den gezielten Schüssen der Soldaten zu entkommen.

Nach dem Massaker wurde Amritsar unter Kriegsrecht gestellt, das wenig später auch auf weitere Distrikte des Panjab ausgedehnt wurde. Dennoch rissen nach dieser brutalen Militäraktion die Demonstrationen nicht mehr ab. Die einstige ‚koloniale Romanze' zwischen Briten und Sikhs hatte jegliche Grundlage verloren. Das Massaker von Jallianwala Bagh zerstörte somit endgültig die Illusion der Sikhgemeinschaft, die Kolonialmacht räume ihr wegen ihrer Verdienste im Ersten Weltkrieg einen besonderen Stellenwert ein.

5. Institutionen der Sikh-Politik

Die Auseinandersetzung um das Management der Sikh-Schreine schließlich vollendet diese Desillusionierung und fördert die politische Organisation der Sikhgemeinschaft. Aufgrund eines Brauchtums waren viele der Tempelaufseher (Mahants) in Sikh-Tempeln Hindu-Priester. Sie befolgten nicht die Bestimmungen der von Guru Gobind Singh geschaffenen *Khalsa*-Disziplin. Neben der Heiligen Schrift der Sikhs, dem *Granth Sahib*, verehrten sie auch noch Hindu-Gottheiten und brachten entsprechende Bilder und Idole in den Gurdwaras an. Die Position dieser Mahants war mit der Zeit vererbbar geworden, so daß sie nicht nur ihr religiöses Amt ausübten, sondern sich als Besitzer der Tempel und der umliegenden Ländereien betrachteten. Die Sikhs faßten das Ziel ins Auge, ihre Tempel von den Mahants zu befreien und wieder in eigener Regie zu führen. Diesem Ziel stand jedoch das Eigentumsrecht im Wege. Daher nahm sich die Kolonialregierung dieser Forderung der Sikhs nicht an. Gerichtsverfahren, die nötig gewesen wären, um die Mahants ihres Besitzes zu entheben, dauerten an die zwanzig Jahre und blieben darüber hinaus meist ohne Erfolg. Die Sikhs schritten zur Tat: Sie erklärten die Mahants für ihres Amtes enthoben und gründeten im November 1920 das *Shiromani Gurdwara Prabhandak Committee* (SGPC), ein Zentralkomitee für die Verwaltung der Gurdwaras. Den Radikalen unter den Sikhs reichte dieser zunächst rein deklamatorische Akt jedoch nicht aus. Sie formierten sich unter dem Namen *Akali Dal* zu einem halb-militärischen Korps, um die Gurdwaras endgültig mit Gewalt von den Mahants zu befreien. Manche der Tempelaufseher gaben unter diesem Druck ihre Macht freiwillig ab und ließen sich als bezahlte *Granthis*, als Rezitatoren des *Granth Sahib*, wieder einsetzen. In anderen Fällen kam es zu blutigen Auseinandersetzungen, bei denen die Kolonialregierung die Mahants gegen die Akali-Bewegung verteidigte. Damit mußte sich der Entzweiungsprozeß zwischen Engländern und Sikhs vollenden. Die Tatsache, daß die Kolonialmacht Soldaten gegen die Sikhs antreten ließ und ihnen das Eigentumsrecht an ihren Tempeln absprach, war unverzeihlich. Der Kampf um die Gurdwaras wurde weitergeführt, bis die Akalis im Jahre 1925 – nach fünf Jahren erbitterter Auseinandersetzungen und Hunderten von Opfern – schließlich den Sieg davontrugen. Daß der Kampf um die Gurdwaras auch eine wichtige Rolle im Rahmen der Unabhängigkeitsbewegung spielte, wurde durch die Reaktion Mahatma Gandhis deutlich. Er telegrafierte an Kharak Singh, den Präsidenten des SGPC: „Erste Schlacht für Indiens Freiheit gewonnen. Glückwünsche."[16]

Mit der Einrichtung des SGPC war nicht nur ein überregionales Verwaltungsgremium für alle Sikh-Tempel geschaffen worden, sondern hatte sich vor allem ein wichtiges Organ innerhalb der Sikh-Politik gebildet. Ein Ergebnis der Reformbewegung war die Monopolisierung des gesamten Spendenaufkommens in den Händen einer Organisation, des SGPC. Die Sikh-Partei Akali Dal steht unter dem Patronat dieses Tempelkomitees.[17] Die Institution verfügt über eine Bürokratie von über 100 Angestellten; ihre Büroräume befinden sich auf dem Gelände des Goldenen Tempels in Amritsar. Von dort aus werden heute mehr als 700 bedeutende Gurdwaras im Panjab verwaltet. Neben seiner ideellen Funktion stellt das SGPC eine mächtige finanzielle Ressource dar, auf die die Akali Dal zurückgreifen kann. Master Tara Singh, bis 1961 legendärer Akali-Dal-Führer, formte aus dieser Partei eine von Sikh-Geschäftsleuten und aus dem Steuer-und Spendenaufkommen der Gurdwaras wohlgespeiste Partei. Unter Tara Singh entwickelte sich auch die zentrale Ideologie der Akali Dal; in ihrem Zentrum steht die Doktrin, daß die gesamte Sikhgemeinschaft mit gemeinsamen politischen Zielen auftreten muß, wenn der Sikhismus sich behaupten will. Die kritische Einstellung zum Säkularstaat und zur Mitgliedschaft von Sikhs in anderen politischen Organisationen ist eine logische Konsequenz dieser Auffassung. Der andauernde Prozeß einer Vereinheitlichung der Sikhgemeinschaft nach innen und einer Abhebung von anderen Gemeinschaften gewinnt dadurch einen neuen Aspekt hinzu. Neben den äußeren Symbolen und der martialischen Grundgesinnung soll die Gemeinschaft nun auch auf ein gemeinsames politisches Programm eingeschworen werden. Hinter diesem Programm, das die Sikhs wie einen Block mit einem Ziel und einer Stimme zusammenschmieden will, verbirgt sich jedoch die Realität. Sikhs vertreten durchaus individuelle Meinungen, die je nach Herkunft, Beruf, sozialer Hierarchie und persönlicher Erfahrung stark voneinander abweichen können. Es gibt arme und reiche Sikhs, Sikhs auf dem Land und solche in der Stadt, orthodoxe und weniger orthodoxe. Um der religiösen Minderheit politisches Gewicht zu verleihen, versucht die Akali Dal jedoch, über diese Unterschiede hinweg eine „Sikh-Politik“ zu formulieren, mit der sich alle Sikhs identifizieren können. Die beiden Organisationen, die Partei Akali Dal und das Tempelkomitee SGPC, versuchen, den Brückenschlag zwischen Religion und Politik zu vollziehen. Das SGPC wird daher auch des öfteren als ‚religiöses Parlament‘ der Sikhs bezeichnet. Und die Akali Dal ist sozusagen der ‚politische Arm‘ des Tempelkomitees. Die Gurdwaras dienen als politische Bühne. Religion und Politik sind solchermaßen untrennbar miteinander verquickt. Das SGPC hat den Ruf, das einzige Sprungbrett für jeden zu sein, der in der Sikh-Politik etwas werden will. Seit siebzig Jahren stellt das SGPC ein Forum, das angehende und aufstrebende Politiker nutzen müssen. Von hier aus wird das militärische Modell einer vom kriegerischen Geiste der Jat-Kultur und Khalsa-Disziplin geprägten Gemeinschaft beständig reproduziert.

6. Ein Besuch im Goldenen Tempel

Inmitten der quirligen Altstadt Amritsars mit ihren Marktschreiern, lärmenden Bazaren und hupenden Autos liegt der Goldene Tempel, das bedeutendste Heiligtum der Sikhs. An seinem Eingang legen sich die Frauen den Dupatta um den Kopf, denn den Tempel soll man nicht mit unbedecktem Haupt betreten. Die Gläubigen streifen die Schuhe ab, die zur Aufbewahrung abgegeben werden. Freiwillige verrichten den Dienst, die Schuhe in Regale einzustellen und aufzupassen, daß kein Paar verloren geht. Unter fließendem Wasser waschen sich die Gläubigen die Füße. Straßenstaub und ein hektischer Alltag bleiben am Eingang zurück.

Hinter dem Haupteingang öffnet sich eine große Tempelanlage, die mehrere Gebäudekomplexe umfaßt. Im Zentrum der Anlage liegt der *Harimandir*, ein wunderschöner goldener Tempel auf einem künstlich angelegten See, dem Becken der Unsterblichkeit. Er beherbergt den Granth Sahib, das heilige Buch der Sikhs, und ist das spirituelle Zentrum der Religionsgemeinschaft. Manche Sikhs umkreisen zunächst das Tempelbecken, bevor sie in den *Harimandir* eintreten. Um das Bekken herum verläuft ein breiter Gehweg aus weißem Marmor mit eingelegten geometrischen Mustern aus schwarzem und rotbraunem Marmor. Der Boden ist überall feucht und glänzt, denn Tempelangestellte und freiwillige Helfer wischen mehrmals täglich den Beckenrand. Automatisch geht man langsamer, um nicht auf dem nassen Boden auszurutschen. Immer

Abb. 2: Der Goldene Tempel, der Harimandir, in Amritsar. (Foto Angela Herrmann)

wieder bleiben die Gläubigen stehen und bewundern aus einer anderen Perspektive den Goldenen Tempel, der sich im Wasser spiegelt. In der Mittagszeit blendet das gleißende Gold vor dem Hintergrund der umliegenden strahlend weißen Gebäude die Augen.

Auf dem Weg um das Tempelbecken herum kommen die Gläubigen an verschiedenen besonders heiligen Plätzen vorbei. An einer Stelle liegen schon viele frische Blütenketten auf dem Boden. Die Sikhs schmücken hier den Punkt, an dem der Kopf Baba Deep Singhs aufschlug: Der Märtyrer kämpfte im 18. Jahrhundert in einer Schlacht gegen die Afghanen. Dabei wurde sein Kopf abgeschlagen. Dennoch soll er tapfer weitergekämpft und schließlich den eigenen Kopf über Meilen hinweg zum Goldenen Tempel geschleudert haben, wo er an besagter Stelle auftraf. In der Nähe dieser Stelle hängen Farbdrukke, die den Helden zeigen, wie er – den Kopf auf der linken Handfläche balancierend – weiterläuft und mit der rechten noch immer das Schwert gegen die Invasoren schwingt.

Dann kommen die Gläubigen an einem uralten Baum vorbei, der direkt aus dem Marmor zu wachsen scheint. Manche berühren ihn ehrfurchtsvoll oder legen auch hier eine Blütenkette nieder. Baba Buddha, ein Bediensteter der ersten sechs Gurus, überwachte von diesem Baum aus die Ausgrabungsarbeiten für das Tempelbecken. An dieser Stelle erinnern sich manche Gläubigen der mit Legenden versetzten Entstehungsgeschichte ihres Heiligtums: Wo der künstliche See ausgehoben wurde, soll eine Nektarquelle gewesen sein. Guru Amar Das soll hier das Kraut gefunden haben, mit dem er die Hautkrankheit des zweiten Guru, Angad, heilen konnte. Auch ein leprakranker Mann wurde wohl durch ein Bad in der Quelle geheilt. Was lag näher, als hier einen See anzulegen und den heiligen Ort zu einem Pilgerzentrum auszubauen? Gleichzeitig mit dem Aufbau der Tempelanlage ging die Entstehung der Stadt Amritsar einher: Handwerker ließen sich in der Nähe der Baustelle nieder, es wurden Brunnen für ihre Wasserversorgung gegraben, ein Markt mit dem Namen ‚Guru Ka Bazaar' wurde etabliert. Der angelegte Teich, der *Amrit Sarovar*, wurde nach und nach mit dem darum herum entstandenen Ort identifiziert, so daß die Stadt schließlich den Namen ‚Amritsar' erhielt.

Vor dem Besuch des *Harimandir* suchen sich manche ein schattiges Plätzchen, um noch ein wenig die Atmosphäre draußen zu genießen; sie lauschen den Gesängen und der Musik aus dem *Harimandir*, die über Lautsprecher übertragen wird, und betrachten die umliegenden Gebäude, die zur Tempelanlage gehören: eine Bibliothek, in der Handschriften der Gurus aufbewahrt werden, die Halle für das gemeinsame *langar* und das Museum, in dem Ölgemälde Szenen der Sikhgeschichte festhalten. Andere nehmen ein Bad im Tempelbecken, das die Seele von den Sünden reinigen soll. Der Tempelteich ist den Sikhs genauso heilig wie den Hindus das Wasser des Ganges. Mitsamt ihren Kleidern steigen sie in das Becken; schließlich trocknet in der Hitze alles schnell.

Die meisten gehen jedoch gleich weiter zur nordwestlichen Stirnseite des Tempelbeckens. Dort liegen sich der *Harimandir* und der *Akal Takht*, der Thron des Zeitlosen, gegenüber. Der *Akal Takht* symbolisiert die weltliche Entsprechung des *Harimandir*. Während der *Harimandir* der religiösen Andacht der

Abb. 3: Ein Bad im Tempelbecken des Harimandir soll die Seele von Sünden reinigen. (Foto Angela Herrmann)

Gläubigen dient, stellt der *Akal Takht* einen Ort dar, an dem die säkularen, politischen Belange der Gemeinschaft verhandelt werden. Die Basis des heute vierstöckigen, weißen Gebäudes mit einer vergoldeten Kuppel entstand unter Guru Hargobind. Da die Sikhs zu seiner Zeit von den Moghulherrschern verfolgt wurden, wollte er einen Ort schaffen, an dem die Sikhs über ihre Selbsterhaltung und Verteidigung nachdenken konnten. Der *Harimandir* sollte dafür nicht benutzt werden, da er allein der religiösen Andacht und dem Gottesdienst vorbehalten ist. Die im *Akal Takht* gefaßten Entschlüsse gelten als religiös sanktioniert. In der Architektur der Tempelanlage spiegelt sich die geschilderte Verbindung von Religion und Politik. Beide Gebäude scheinen sich gegenseitig zu betrachten und sind durch eine breite Brücke verbunden, auf der die Gläubigen über das heilige Wasserbecken aus der Richtung des *Akal Takht* durch ein Torgebäude, das *Darshni Deori*, zum *Harimandir* in der Mitte des Sees gelangen.

Am Ende der Brücke markiert eine Schwelle den Eingang in das höchste Heiligtum der Sikhs. Die meisten Sikhs bücken sich vor dieser Schwelle, wischen kurz mit der Hand darüber

Abb. 4: Der Akal Takht, Sitz der politischen Autoritäten der Sikhs, ist mit dem Harimandir, dem Goldenen Tempel, durch eine Brücke verbunden. (Foto Angela Herrmann)

und tippen die Finger dann an ihre Stirn. Der Staub von den Füßen der vielen Pilger ist ihnen heilig. Die Schwelle selbst wird nicht betreten, sondern alle machen einen großen Schritt darüber. Insgesamt hat der *Harimandir* nicht nur einen Eingang, sondern vier: auf jeder Seite einen. Die vier Eingänge sollen die Offenheit des sikhistischen Glaubens für alle Kasten und alle Religionen symbolisieren. Tatsächlich besuchen auch viele Hindus den Tempel der Sikhs.

Ein Gang führt in das Innere des Heiligtums, wo der *Granth Sahib* aufgeschlagen auf einem niedrigen Podest liegt, das mit Kissen und bestickten Seidentüchern verziert ist. Ein *Granthi*, begleitet von mehreren Musikanten, rezitiert aus dem heiligen Buch. Hinter ihm vertreibt ein Diener mit einem Wedel aus den Schwanzhaaren eines Yak die lästigen Fliegen. Die Gläubigen werfen Geldscheine und Münzen in das durch ein niedriges Geländer abgeteilte Viereck, in dem die Rezitatoren und Musikanten um den Granth herum sitzen. Die Tempelbesucher knien nieder und berühren ehrfurchtsvoll mit ihrer Stirn den Boden. Anschließend suchen sie sich einen Platz, um den *Kir-*

tans, den heiligen Gesängen, zu lauschen oder an einigen Stellen des Gottesdienstes selbst einzustimmen. Die Gesänge werden von einem Harmonium, einer Sitar und einer Tabla begleitet und erfüllen den Raum mit einer Musik, die einerseits ziellos dahinzutreiben scheint und andererseits durch die Tabla und die kraftvolle Stimme des Vokalisten eine ganz eigene Struktur und einen eigenen Rhythmus erhält. In dieser Musik setzt sich die musikalische Tradition Guru Nanaks und sechs seiner Nachfolger fort, die sich als Komponisten religiös inspirierter Musikstücke, der *Shabads*, hervortaten. In den Shabads vereinigte sich die klassische Musiktradition Nordindiens mit einer neuen spirituellen Intensität zu einer eigenen musikalischen Ausdrucksform. Schließlich wurden auch Shabads geschaffen, die sich stärker an die nordindische Volksmusik anlehnten. Diese verlangen den Sängern weniger Virtuosität ab und sind daher besonders geeignet für das gemeinsame Singen in der Gemeinde. Sie gehören heute zu den populärsten Kirtans der religiösen Sikh-Musik.

Manche Tempelbesucher steigen über eine Treppe in den ersten Stock des *Harimandir*. Hier kann man von einer Empore auf den *Granth Sahib* und die Musikanten nach unten blicken und beobachten, wie neu hinzukommende Gläubige das heilige Buch umkreisen, Blumenketten über das Geländer werfen, Münzen und Geldscheine in aufgestellte Boxen stecken und sich verneigen, um sich schließlich auch einen Winkel am Boden zu suchen. Oder man wählt einen der logenartigen Plätze an einem der vergoldeten Fenster, von wo aus man nach draußen auf den See schauen kann. Während unten um den *Granth Sahib* herum meist viel Bewegung und Gedränge herrscht, sind die Gläubigen im ersten Stock ruhig und für sich. Inmitten der mit Intarsien, Malereien und Vergoldungen reich verzierten Wände vertiefen sich einige in ihre mitgebrachten religiösen Schriften, meditieren und beten.

Eines der Hauptgebete ist das *Ardas*, das für den gläubigen Sikh von seiner Popularität und seinem Stellenwert her dem christlichen Vaterunser gleichzusetzen ist. Dieses Gebet spiegelt die Verbindung von Glaube, Geschichtsversion und Tradition sowie den Auftrag, dem der einzelne durch seine religiöse Überzeugung unterstellt wird, wider. Das *Ardas* beginnt mit der Anrufung aller zehn Gurus. Dem folgt die Glaubensdoktrin, daß sich der Geist der zehn Gurus im *Guru Granth Sahib*, dem heiligen Buch, vereinigt. Danach erinnert sich der Gläubige im *Ardas* der Entstehung der *Khalsa*, der Bruderschaft der Reinen, durch die Taufe der fünf Männer, die bereit waren, ihr Leben in die Hand Guru Gobind Singhs zu legen. Übergangslos blendet das *Ardas* von diesen religiösen Glaubenssätzen der Sikhs über in die Sikh-Geschichte und erinnert in seinen Versen an alle Sikhs, die im Namen der Gurus gelitten oder ihr Leben hingegeben haben. Dabei werden die verschiedenen Todesarten dieser Märtyrer explizit ausgeführt: „Richtet euren Geist auf die Kämpfe und Leistungen derjenigen, oh ehrwürdige Mitglieder der Khalsa, und ruft ‚Waheguru': Die Singhs beider Geschlechter, die im Namen der Religion das Martyrium auf sich nahmen und unaussprechliches Leid erduldeten, indem sie bei lebendigem Leib zerstückelt, skalpiert, auf dem Folterrad zerbrochen, durchgesägt und gekocht wurden; und jene, die im Dienste der religiösen Stätten der Sikhs, der Gurdwaras, Opfer erbrachten, aber nie in ihrem Glauben schwankten und sich bis zum letzten Haar an ihrem Körper und bis zu ihrem letzten Atemzug unverrückbar für die Sache des Sikhismus einsetzten." Es folgen allgemeine Fürbitten um den Fortschritt der Khalsa, um den nicht näher definierten Sieg der Glaubensgemeinschaft, Bitten um Gottvertrauen, Disziplin, Wissen, Selbstvertrauen und die Kommunion mit Waheguru. Schließlich erinnern sich die Sikhs im *Ardas* an alle Sikh-Glaubensstätten, die im heutigen Pakistan liegen, und bitten darum, wieder freien Zugang und das Recht des Tempelmanagements für diese Gurdwaras zurückzuerlangen. Das Gebet schließt mit eher gebräuchlichen Formeln der Bitte um Vergebung, göttliche Hilfe und der Unterwerfung unter den göttlichen Willen. Auch das Hauptgebet der Sikhs zeigt somit deutlich die der Sikhreligion eigene Verschmelzung von religiösen Überzeugungen, geschichtlichen Ereignissen und politischen Ansprüchen. Auf dem Gelände des Goldenen Tempels erhielt ich ein vom SGPC herausgebenes Heft, das den englischen Text des *Ardas* enthält. Das Heft ist einem Bilderbuch gleich gestaltet und illustriert die genannten Todesarten der Sikh-Märtyrer durch den Abdruck grausamster Gemälde, deren Originale im Museum des Goldenen Tempels zu besichtigen sind. So sieht man besipielsweise Söldner der muslimischen Truppen, die Sikh-Frauen ihre kleinen Kinder aus dem Schoß zerren und mit dem Säbel vor den Augen der Mütter zerfleischen. Andere haben auf ihren Bajonetten die abgeschlagenen Köpfe der Sikhs aufgespießt und erhalten für jeden Kopf ein paar Münzen als Lohn. Ein weiteres Bild zeigt einen Sikh, der in einem großen Kessel unter dem hämischen Grinsen der Feinde gekocht wird. Kurz: ein Panoptikum des Grauens. Im täglichen Gebet des *Ardas* schreibt sich die magische Verbindung von Militanz und Martyrium den Sikhs ins Bewußtsein ein.

Wenn die Besucher den *Harimandir* verlassen, manche schon nach wenigen Minuten, andere erst nach Stunden, erhalten sie das *Prasad*, eine kandisartige klebrige Masse aus Zucker und Butterfett, deren süßlicher Geruch über dem Tempel hängt. Der Rückweg führt sie um den *Harimandir* herum und schließlich wieder auf die Brücke. Unweigerlich nähern sich die Gläubigen dem *Akal Takht* und erinnern sich vielleicht unmerklich ihrer säkularen, weltlichen Belange. Das Abendlicht taucht beim Blick zurück zum *Harimandir* das vorher gleißende Gold nun in ein warmes Rot.

An manchen Abenden werden vor dem *Akal Takht* historische Waffen vorgeführt, die ansonsten in einem seiner Räume aufbewahrt werden. Ein Sikh führt die Schwerter vor, ein anderer erläutert, wer die Waffe trug und wo sie zum Einsatz kam. Die Gläubigen bestaunen die beiden reichverzierten Schwerter Guru Hargobinds, die *Miri* und *Piri* symbolisieren sollen, die spirituelle und die weltliche Autorität. Bemerkenswert sind auch das Schwert des Kriegers Bachitar Singh, das 10 Kilogramm wiegen soll, die zweischneidigen Schwerter des Märtyrers Baba Deep Singh und zwei Pfeile Guru Gobind Singhs mit goldenen Spitzen. Die Verehrung von Waffen ist

Abb. 5: Die Verehrung traditioneller Waffen ist Bestandteil der Sikhreligion. Hier eine Demonstration mit Schwertern. (Foto Angela Herrmann)

zum festen Bestandteil der Sikhreligion geworden; bei dieser Waffendemonstration huldigen die Sikhs noch einmal ihren Kriegern und Märtyrern und werden selbst auf das Modell des wehrhaften Sikh eingeschworen. Über der Tempelanlage weht die safrangelbe Sikh-Flagge mit dem Nishan Sahib Symbol, einem zweischneidigen Schwert, das von zwei Kirpans umrahmt wird.

III. Der Panjab – Homeland, Sprachprovinz und Kornkammer

1. Die Entdeckung der Heimat

Nach der Ernüchterung durch die Montagu-Chelmsford-Reformen, den Besitzstreit um die Gurdwaras und das Massaker von Jallianwala Bagh verloren die Briten für immer die Loyalität und Unterstützung der Sikhs. Im gleichen Ausmaß, wie die Sikhs im Ersten Weltkrieg den Briten ihre Kampfkraft zur Verfügung gestellt hatten, wandten sie sich in der Phase zwischen den beiden Weltkriegen von ihnen ab. Nur vereinzelt meldeten sich Sikhs noch freiwillig zum Militärdienst. Spätestens nach dem Ende des Zweiten Weltkrieges war ohnehin vorauszusehen, daß die Tage der britischen Herrschaft in Indien gezählt waren. Gleichzeitig wurde jedoch immer deutlicher, daß ein Abzug der Briten nicht sang- und klanglos vonstatten gehen und das Land zurücklassen würde, als sei nichts geschehen. Der nahende Rückzug der Briten warf die Frage auf, wie die Macht im Land neu zu verteilen sei und in welchem Kräfteverhältnis sich die verschiedenen Religionsgemeinschaften des Subkontinents arrangieren würden. Vor allem bei den Muslimen wuchs die Angst, bei dem sich abzeichnenden Schritt in die Unabhängigkeit könne die Übernahme der Macht in einem Hindu-Reich resultieren. Am Vorabend der Unabhängigkeit zeichnete sich daher ab, daß die Muslime unter Führung Mohammed Ali Jinnahs immer mehr darauf drängten, politisch ihre eigenen Wege zu gehen. Aus Furcht vor der Unterdrückung in einem Hindu-Indien resultierte der Slogan „Islam in Gefahr" in dem Ziel eines eigenen Moslemstaates: Pakistan. Die Möglichkeit einer Teilung des Landes – und damit auch einer Staatsgrenze mitten durch den Panjab – erscheint bedrohlich am Horizont: „Während der festgefahrenen Verhandlungen zwischen der Kongreß-Partei, die die Unabhängigkeit für ein vereinigtes Indien befürwortete, und der Muslim-Liga, die die Gründung Pakistans als Vorbedingung für die Machtübergabe verlangte, befanden sich die Sikhs in einem Dilemma. Eine Teilung des Panjab aufgrund der Religionszugehörigkeit würde die Sikhs in zwei gleiche Hälften trennen."[18]

Vor der drohenden Teilung war der Panjab im Bewußtsein der Sikhs ganz selbstverständlich ihr Ursprungsgebiet und Haupt-Lebensraum, der aber als solcher einfach hingenommen und nicht besonders bedacht wurde. Zwar hat sich die Geschichte der Sikhs über die letzten fünfhundert Jahre hinweg hauptsächlich im Panjab abgespielt; die Verse in den heiligen Schriften sind mitgeprägt von seiner Landschaft, die meisten und wichtigsten Pilgerzentren liegen dort. Dennoch hat das Gebiet des Panjab bis 1940 keine Schlüsselfunktion für das Selbstverständnis der Sikhs innegehabt. Merkmale der Sikh-Identität zur Lebenszeit der zehn Gurus waren vielmehr die treue Nachfolge Guru Nanaks und der neun anderen Gurus, die Identifikation mit ihren Lehren, die Gründung von Pilgerzentren wie z.B. Goindwal und Amritsar, die Einführung von Bräuchen wie z.B. dem eines gemeinsamen Mahles (*langar*) und die Zusammenstellung einer Anthologie heiliger Schriften durch Guru Arjun in Form des *Granth Sahib*. Der Panjab jedoch spielte zur Lebenszeit der Gurus noch keine Rolle für die Ausbildung der Sikh-Identität; vier der zehn Gurus verbrachten den größten Teil ihres Lebens außerhalb des Panjab. Der letzte Guru wurde außerhalb geboren und verstarb auch außerhalb. Eine emotionale Bindung der Sikhs an ihr ‚homeland' Panjab ist in dieser Zeit nicht feststellbar. Nach dem Tod des zehnten Guru, Gobind Singh (1708), mußte die so entstandene Leerstelle eines menschlichen Guru neu besetzt werden; gerade in dieser Zeit darf also von einem wachsenden Bedürfnis nach identitätsstiftenden Symbolen ausgegangen werden. Hierfür wurde das ideelle Erbe Guru Gobind Singhs nutzbar gemacht: Die fünf K's, der Granth Sahib als Nachfolger des lebendigen Guru und die Schaffung der Khalsa wurden neben der Einführung des Nachnamens *Singh* für alle männlichen und *Kaur* für alle weiblichen Sikhs zu kulturellen Indikatoren für die Identität der Gemeinschaft. Die beschreibenden Schriften[19] der Zeit beschäftigen sich mit der Darstellung des Lebens der Gurus; sie fabulieren einen mächtigen Ursprungsmythos und umranken ihn mit Erzählbausteinen von Tapferkeit, Leid, Verfolgung, Blut, Opfer und Martyrium – vom Panjab jedoch ist nicht die Rede. Noch zu Beginn der kolonialen Phase (1847–1947) ist die neue Sikh-Identität nicht scharf umrissen; beispielsweise konnte eine Pilgerfahrt zum Goldenen Tempel nach Amritsar noch durch ähnliche Unternehmungen an die Ganges-Quellen oder zu einem Muslim-Heiligtum ergänzt werden. Die Entdeckung des Panjab als ‚homeland' geschieht erst zu Ausgang der Kolonialzeit: Im Moment des drohenden Verlustes durch die bevorstehende Teilung wird die Geschichte der Sikhs neu erzählt; der Panjab wird nun in diese Geschichte ‚hineinerzählt' und erscheint plötzlich als wichtiger Bestandteil im Entwicklungsgang der Gemeinschaft.

Die Sikhs haben durch diesen Akt der Verknüpfung von Geschichte mit Geographie, von politischem Diskurs mit räumlicher Einheit, von Mythos mit Territorium ein weiteres Symbol hinzugewonnen, das in der Folgezeit ihre Definition als ethno-territoriale Gemeinschaft nach sich zieht: den Panjab. Erst auf dieser ideellen Basis konnte sich in den 80er Jahren dieses Jahrhunderts die Khalistan-Forderung, die Beanspruchung eines eigenen, separaten Sikh-Staates, entwickeln. In der aktuellen Sikh-Literatur wird die Frage „Sind Sikhs eine Nation?" von vielen bejaht; als Begründung wird neben der gemeinsamen Rasse, Sprache und Literatur, Geschichte, Religion und den politischen Zielen der Panjab als gemeinsames Ursprungsland der Sikhs zum wesentlichen Faktor erklärt: Das Land der fünf Flüsse sei die „Wiege" des Sikhglaubens, Sikhs seien die „Söhne" dieses Teils der Erde, an dem sie hängen wie Kinder an ihrer Mutter; die geographische Verwurzelung mit dem Panjab habe ihren Körper und Geist geformt.[20] Die emotionale Bindung der Sikhs an ihr ‚homeland' Panjab ist jedoch noch jungen Datums und nicht zurückdatierbar auf die Ursprungsjahre der Gemeinschaft. Die ‚Entdeckung' der Heimat erfolgt vielmehr im Moment der Bedrohung und entspringt der Angst vor ihrem Verlust.

2. Die Teilung: ein Trauma

In den politischen Verhandlungen am Vorabend der Unabhängigkeit sprachen sich die Sikhs zunächst für ein vereinigtes Indien aus. Sie appellierten an die Kolonialmacht, die Einheit Indiens zu stärken. Damit unterstützten sie die Position der aus der Unabhängigkeitsbewegung hervorgegangenen Kongreß-Partei. Die Anspannung aufgrund der unsicheren, bedrohlichen Zukunft entlud sich unter der Bevölkerung in Unruhen, die ganz Nordindien erfaßten. Sie übertrafen alle zuvor dagewesenen Gewaltausbrüche zwischen den Religionsgemeinschaften weit an Brutalität. Hindus und Sikhs kämpften bei diesen Ausschreitungen gegen die Muslime und deren Ziel eines unabhängigen Muslim-Staates. Schließlich ließ die Forderung der Muslime nach einem eigenen Staat jedoch auch bei den Sikhs auf politischer Ebene die Forderung nach einem autonomen Sikh-Staat aufleben. Die Forderung entsprang der Furcht der religiösen Minderheit, in einem hindu-dominierten vereinigten Indien unterdrückt zu werden. Diese Furcht teilen auch andere religiöse Minderheiten in Indien, und sie ist auch nicht ganz unberechtigt. Der Hinduismus wird oft mit einem Schwamm verglichen, der unglaublich saugfähig ist. Da er ohnehin unzähligen Gottheiten huldigt und verschiedenste Glaubensrichtungen unter seinem Namen vereint, ist er relativ leicht in der Lage, auch noch weitere Götter in seinen Pantheon aufzunehmen. Manchmal wird er deshalb, gerade im Westen, als tolerante Religion bewertet. In der Tat ist er ein Mosaik verschiedenster Lebensweisen und Überzeugungen, das den ganzen Subkontinent überspannt. In Indien selbst wird diese Eigenschaft des Hinduismus von anderen kleineren Religionsgemeinschaften hingegen als Bedrohung empfunden. Sie befürchten, vom Hinduismus verschluckt zu werden.

In dieser Situation fordern die Sikhs, daß bei einer Teilung des Landes auch die Gebiete, in denen ihre Glaubensbrüder leben, in denen sich ihre Tempel befinden und wo ihre religiösen und historischen Wurzeln liegen, zu einem separaten, eigenen Sikh-Staat zusammengeschlossen werden: Wenn Hindus ihr Indien bekommen und Muslime ihr Pakistan, warum dann nicht auch ein eigener Staat für die Sikhs? Sikhistan? Der Ruf nach Bewahrung und Schutz der religiösen, kulturellen, wirtschaftlichen und politischen Rechte der Sikhs, der von Zeit zu Zeit seit der Unabhängigkeit immer wieder erscholl, blieb exakt derselbe, ebenso, wie auch die ideologische Grundlage immer dieselbe blieb: die Furcht vor Absorption durch die Hindus.

1947 erringt der Subkontinent seine Unabhängigkeit, begleitet von ungeheuren Blutbädern: In der Umgebung von Rawalpindi, d.h. in den westlichen Bezirken des Panjab, griffen Muslime die Sikhs an, in den östlichen Bezirken attackierten Sikhs die Wohngebiete der Muslime. Zeitweise verbrüderten sich Sikhs und Hindus im Kampf gegen die Muslime. Mit der Ziehung der Radcliffe-Linie, die die Grenze zwischen dem neuen Staat Pakistan und Indien markierte, setzten Flüchtlingsströme in verschiedene Richtungen ein. Circa sechs Millionen Hindus und Sikhs flohen aus dem neugeschaffenen Pakistan nach Indien, während etwa 6,5 Millionen Muslime in entgegengesetzter Richtung in ihre neue Heimat flüchteten. Unvorstellbare Grausamkeiten wurden begangen, wo immer sich die Flüchtlingsströme kreuzten.

Ausgehend vom Panjab vor der Unabhängigkeit fielen bei der Teilung 66 % der Gesamtfläche, 80 % der bewässerten Gebiete und 52 % der Bevölkerung an Pakistan. Die Grenzziehung war so fair wie irgend möglich gegenüber den Hindus und den Muslimen; den Sikhs jedoch konnte bei der Teilung keine Gerechtigkeit widerfahren, ohne die Rechte und Ansprüche der beiden anderen Religionsgemeinschaften zu verletzen. Große Ländereien und über 150 historische Sikh-Schreine blieben auf der pakistanischen Seite der neuen Staatsgrenze zurück.[21] So fielen beispielsweise der berühmte Gurdwara von Lahore, der Geburtsort Guru Nanaks Talwandi (heute Nankana Sahib) und mehrere Städtegründungen der Gurus an Pakistan. Circa 2,5 Millionen Sikhs strömten aus Pakistan nach Indien und ließen ihre fruchtbarsten Anbaugebiete zurück. Für die Bauern war die Anpassung an die neue soziale und wirtschaftliche Situation dennoch leichter als für die Städter. Die Bauern konnten sich, auch wenn sie Verluste wie kleinere Landstücke oder unproduktivere Böden hinnehmen mußten, immerhin auf den Ländereien niederlassen, welche die Muslime zurückgelassen hatten. Den städtischen Sikhs bot sich hingegen kaum eine Entschädigung für das im West-Panjab zurückgelassene Eigentum. Sie fanden sich im Handel, in der Industrie und auf dem Stellenmarkt sofort in einer scharfen Konkurrenz zu der zahlenmäßig überlegenen und besser ausgestatteten städtischen Hindu-Mittelschicht wieder. Zudem hatten gerade die städtischen Sikhs größere Furcht vor einer Vereinnahmung durch den Hinduismus, denn in den Städten waren sie einem engeren Kontakt mit Hindus ausgesetzt als die landbesitzenden Jat-Bauern.

Geht man davon aus, daß es das ursprüngliche Ziel der Sikhreligion war, die Kluft zwischen Hinduismus und Islam zu überbrücken, so bedeutete die Teilung gerade für Sikhs – zusätzlich zu den oben genannten materiellen Verlusten – eine Erschütterung in zweifacher Hinsicht: Zum einen bedeutete die Teilung ein Scheitern der synthetisierenden Vision und Kosmologie ihres Glaubens; zum anderen schuf die Teilung in ein mehrheitlich hinduistisches Indien und in ein muslimisches Pakistan für die Sikhs zunächst eine als Vakuum empfundene politische Situation. Diese wird bis heute in folgendem Standard-Satz eingefangen: „Während die Hindus ihr Hindustan bekommen haben und die Muslime ihr Pakistan, sind die Sikhs (...) leer ausgegangen.“[22]

3. Agitationen für die Panjabi Suba

Die politische Situation der Sikhs nach der Unabhängigkeit unterschied sich grundlegend von der vor 1947: Waren sie vorher bevorzugt für den Armeedienst angeheuert worden, so mußten sie sich nach 1947 genauso wie alle anderen um die begehrten Posten bewerben. Auch das überproportionale Zugeständnis an Abgeordnetenmandaten fiel weg. Sikhs erhielten jetzt nur noch soviele Mandate im Landtag zugesprochen, wie es ihrem tatsächlichen Bevölkerungsanteil entsprach. Da der politische und wirtschaftliche Bonus wegfiel, verlor die Zugehörigkeit zum Sikhglauben für viele an Attraktivität: „Sikhs, die sich bislang nur aus wirtschaftlichen Gründen an die äußeren Formen und Symbole der Khalsa gehalten hatten, begannen dies fortan zu unterlassen."[23] Durch einen neu eingeführten Wahlmodus stellten die Sikhs in den meisten Wahlkreisen eine Minderheit. Sie waren nun der Hindumehrheit politisch unterlegen. Die Kongreßpartei unter der Führung Jawaharlal Nehrus trat als Nachfolge-Organisation der nationalen Unabhängigkeitsbewegung das unbestrittene Erbe der politischen Macht in Indien an und stellte die bei weitem stärkste Partei dar. Der Kongreß und der neue Staat hatten sich das Ideal des Säkularismus aufs Banner geschrieben, die vollständige Trennung von Religion und Staat. Nach der Unabhängigkeit und Teilung des Landes sieht sich der Kongreß vor die gewaltige Aufgabe gestellt, einen neuen Staat aufzubauen, eine neue Verfassung zu entwerfen und eine neue Verwaltung herauszubilden. Bereits während der 20er Jahre hatte der Kongreß versprochen, nach Erlangung der Unabhängigkeit Bundesländer nach Sprachgrenzen zu schaffen. Nehru lehnte diese Maßnahme zwar persönlich ab, sah aber ein, daß das alte Versprechen eingelöst werden müsse. So wurden in der indischen Verfassung von 1950 vierzehn Sprachen anerkannt, darunter auch Panjabi. Die neuen Bundesländer wurden nach dem Sprachprinzip eingeteilt. Präzedenzfälle waren die Gründung Andhra Pradeshs, 1954, und die Teilung des alten Bundeslandes Bombay in die neuen Bundesländer Maharashtra und Gujarat. Einzig mit dem Panjab wurde eine Ausnahme gemacht. Er umfaßte weiterhin die Hindi- und die Panjabi-sprechende Bevölkerung. Die Sikhs empfanden diese Ausnahmeregelung als Diskriminierung. Sie forderten die *Panjabi Suba*, eine eigene Sprachprovinz des Panjab in Form eines eigenen Bundeslandes. Ein zähes Ringen um die Panjabi Suba begann. Der Kongreß brachte gegen die Forderung der Sikhs folgende Vorbehalte zum Ausdruck: Die Panjabi Suba werde vorwiegend von Sikhs eingefordert. Es gehe dabei nicht wirklich um die Interessen einer Sprachgemeinschaft, sondern um die einer Religionsgemeinschaft, denn schließlich seien es in der Hauptsache Sikhs, die Panjabi sprechen. Es sei zu befürchten, daß eine solche Sprachprovinz das Verhältnis von Hindus und Sikhs weiter verschlechtern werde. Vor allem aber wäre eine Grenzziehung entlang der Religionszugehörigkeiten nicht mit dem neuen Verfassungsgrundsatz des Säkularismus vereinbar gewesen. Um mit der säkularen Staatsidee nicht in Konflikt zu treten, begründeten die Sikhs ihre Forderung nach der Panjabi Suba daher immer nur mit dem Kriterium der Sprache. Aber: „Die Forderung nach der Suba war eigentlich die nach einem Sikh-Staat; Sprache war nur der Zuckerguß."[24]

In den Kampagnen des Jahres 1955 fanden Aktionen für und wider die Panjabi Suba einen frühen Höhepunkt. Hindus und Sikhs organisierten Massendemonstrationen, bei denen die Prozession der jeweils anderen Gemeinschaft mit Steinen beworfen wurde. Seite an Seite hatten sie gegen die Muslime gekämpft, nun standen sich Hindus und Sikhs selbst verfeindet gegenüber. Während der fast zwei Monate anhaltenden Ausschreitungen kam es zu 12.000 Verhaftungen. Streitpunkte dabei waren nicht nur die Frage, ob überhaupt eine Panjabi Sprachprovinz eingerichtet wird, sondern auch, in welchen Grenzen sie verlaufen soll. Welche Gebiete sollen den Hindi-Sprechern, welche den Panjabi-Sprechern zufallen? Im Oktober 1955 veröffentlichte die von Nehru 1953 ins Leben gerufene ‚States Reorganization Commission' einen Bericht, in dem die diskutierte Panjabi Suba als unrechtmäßige Abspaltung von der Indischen Union bezeichnet wurde, da Panjabi sich als Sprache nur unwesentlich von Hindi unterscheide. Darüber hinaus fehle der Bewegung für die Panjabi Suba die generelle Unterstützung der Bewohner des betroffenen Gebietes. Der Ablehnung der Sprachprovinzenregelung lag jedoch vor allem die tieferliegende Befürchtung zugrunde, daß sich regionale Loyalitäten aufgrund sprachlicher und kultureller Zugehörigkeitsgefühle als stärker erweisen könnten als die junge nationale Einheit.[25] Master Tara Singh, der politische Führer der Akali Dal, plante als Protestaktion gegen den Entscheid der Komission eine Mammut-Prozession von Amritsar nach Delhi. Die Prozession wurde jedoch durch eine Präventivmaßnahme Pratap Singh Kairons, des damaligen Ministerpräsidenten des Panjab, vereitelt: Dieser nämlich ließ Tara Singh inhaftieren. Die Führungsgeschäfte der Akali Dal übernahm während der Jahre 1960/61 Sant Fateh Singh, der das Ziel der Panjabi Suba mit anhaltendem Nachdruck verfocht. Am 15. August 1961 trat Tara Singh im Gefängnis in Hungerstreik, doch Nehru blieb all diesen Aktionen gegenüber hartnäckig. Nach 48 Tagen brach Tara Singh sein Fasten abrupt ab. Er argumentierte, sein Leben sei für die Einheit der Sikhs unabdingbar; wenn er sterben würde, werde die Sikhgemeinschaft auseinanderfallen und die Panjabi Suba auf ewig unverwirklicht bleiben. Durch den Abbruch des Hungerstreiks zog sich Tara Singh jedoch die schärfste Kritik seiner eigenen Glaubensbrüder zu. Diese Reaktion ist in Zusammenhang zu sehen mit der goßen Rolle, die das Martyrium im Sikhglauben spielt. Als Modell des idealen Sikh gilt, wer bereit ist, sein Leben für die Sache der Gemeinschaft zu opfern. Ein Komitee befand Tara Singh des Eidbruches für schuldig. Sein Einfluß unter den Akalis begann zu schwinden. Sant Fateh Singh etablierte 1962 eine rivalisierende Fraktion innerhalb der Partei.

Über den einer Bauern-Kaste entstammenden Akali Dal Politiker Sant Fateh Singh wird erzählt, daß er in seiner Jugend mit Leichtigkeit ein 100-kg-Gewicht heben konnte. Er zertrümmerte Backsteine mit der Faust und lief ohne Unterbrechung 30 Meilen, um an einer religiösen Versammlung teilzunehmen. Wie alle guten Panjabis erhielt er seine Stärke, indem er täglich Milch trank – und zwar bei 10 Litern pro Tag etwa die zwanzigfache Menge des im Panjab üblichen. Sein Tod im Jahre 1972 war die Folge einer ganzen Serie von Herzattacken. Vielleicht waren die Milch-Exzesse langfristig doch nicht so gesund? Während seiner politischen Jahre hatte Sant Fateh

Singh mehrmals auf die von Gandhi in die nationale Unabhängigkeitsbewegung eingeführten alternativen Techniken des gewaltfreien Widerstands zurückgegriffen, paradoxerweise vor allem auf das Fasten. Im Gegensatz zu Gandhi machte Fateh Singh aus seinem angekündigten „Fasten-bis-zum-Tode" wie zuvor auch Master Tara Singh eine Farce: In zehn Jahren kündigte er viermal ein „Fasten-bis-zum-Tode" an und brach die Aktion jedesmal ab, ohne irgendetwas erreicht zu haben.[26]

Seine Fraktion innerhalb der Akali Dal definierte sich als progressivere Variante. Sie begünstigte die Verstaatlichung von Banken und Versicherungsgesellschaften und neigte generell dem sozialistischen Modell zu. Die beschriebene Fraktionenbildung innerhalb der Akali Dal ist typisch für diese Partei. Generell ist Zersplitterung ein wesentliches Merkmal der Sikh-Führung nach der Unabhängigkeit, was selbstverständlich auch Konsequenzen für die Effizienz der Sikh-Politik hatte und hat. Ein weiterer wesentlicher Bruch zieht sich durch die Sikhgemeinschaft selbst. So widersetzten sich beispielsweise unterprivilegierte Sikhs der Forderung der Akali Dal nach einer Panjabi Suba. Sie befürchteten, daß sich ihre Position in einem von den reichen Sikh-Großgrundbesitzern dominierten Sikh-Staat eher verschlechtern als verbessern würde. Deshalb solidarisierten sie sich zu großen Teilen mit der Opposition auf seiten der Hindus. Viele Sikhs der ärmeren Gesellschaftsschichten sehen ihre Verbündeten eher in den unterprivilegierten Hindus der niedersten Kasten als in den reichen Sikhs. Politische Allianzen verlaufen daher keineswegs immer entlang der jeweiligen Religionszugehörigkeit. Das Ziel der Akali Dal, daß die Sikhgemeinschaft mit gemeinsamem politischen Ziel auftreten soll, ist ein Wunschdenken der Partei und entspricht nicht den realen Interessendisharmonien innerhalb der Gemeinschaft.

Widerstand gegen die Panjabi Suba seitens der Kongreßregierung erwuchs des weiteren nicht nur aus dem Bekenntnis zum Säkularstaat. Ein weiterer wesentlicher Grund war die wachsende Furcht, daß die Sikhs gemeinsame Sache mit Pakistan machen könnten. Ein eigener, an Pakistan grenzender Sikh-Staat am Rande der Indischen Union schien ein zu hohes

Risiko zu sein. Öl ins Feuer gossen hierbei die großartigen Empfänge, die Akali Dal-Führern in den 60er Jahren bei Pakistan-Besuchen bereitet wurden. Während des Indo-Pakistan-Krieges im Jahre 1965 war in pakistanischen Radiosendungen, die nach Indien ausgestrahlt wurden, folgendes zu hören: „Die Sikhs sind unsere Brüder. Ihr Guru Nanak pilgerte nach Mekka. ... Das pakistanische Volk unterstützt die Forderung der Sikhs nach einem unabhängigen Staat und wird ihnen helfen, das imperialistische Hindu-Joch abzuschütteln." Trotz dieser Propaganda bewiesen die Sikhs in der Feuerprobe des Indo-Pakistan-Krieges ihre Loyalität gegenüber Indien. Sie schwächten mit ihren militärischen Verdiensten für Indien den öffentlichen Widerstand gegen die Panjabi Suba. Der eigene Bundesstaat wurde ihnen schießlich 1966 nach Nehrus Tod durch Indira Gandhi im ersten Jahr ihrer Amtszeit zugesprochen. Die Agitationen und politischen Verhandlungen für die Panjabi Suba hatten über ein Jahrzehnt gedauert. Der indische Bundesstaat Panjab umfaßt seit diesem letzten Eingriff ein Territorium von 50.362 Quadratkilometern. Bis zu diesem Zeitpunkt umschloß der Panjab auch noch das heutige Bundesland Haryana und hatte eine überwiegende Hindu-Mehrheit. Mit der Entstehung Haryanas wurden die Hindu-Mehrheitsbezirke vom Panjab abgetrennt. Dennoch blieben beide Bundesländer multireligiös; viele der panjabisprechenden Hindus blieben im Panjab, so daß die Sikhs 1966 nur über eine knappe Mehrheit von 52,9 % gegenüber 45 % Hindus verfügen. An dieser Zusammensetzung hat sich seitdem kaum etwas geändert. Diese Verhältnisse prägen die Politik der Akali Dal: „Die Sikh-Partei Akali Dal kann sich daher ihrer Machtstellung in diesem Bundesland nie ganz sicher sein und muß entweder dafür sorgen, daß die Sikhs geschlossen hinter ihr stehen, oder sie muß Koalitionspartner bei den Panjab-Hindus finden. Die erste Alternative bedeutet den Zwang zur Radikalisierung und kompromißlosen Konfrontation, die zweite dagegen erfordert Mäßigung und Kompromißbereitschaft. Zwischen diesen beiden Polen schwankt die Politik der Akalis hin und her."[27] Insgesamt erfüllte die Panjabi Suba keineswegs die Erwartungen der Sikhs.

Viele Hindus, deren Muttersprache eigentlich Panjabi war, hatten bei einer Zählung Hindi als Muttersprache angegeben. Das zugesprochene Gebiet fiel daher wesentlich kleiner aus als gedacht. Der Einschluß weiterer Panjabi-sprechender Gebiete in den Panjab blieb somit eine der Hauptforderungen der Sikhs, die auch zum Konfliktstoff in den 80er Jahren beitrug.

4. Die Grüne Revolution

Beinahe zeitgleich mit seiner politischen Reorganisation wurden im Panjab auch vollkommen neue Produktionsweisen in der Landwirtschaft eingeführt. Das Modell dafür war Mexiko. Dort war die wirtschaftliche Lage und die Ernährungssituation in den 40er Jahren so schlecht, daß sich die Regierung in Zusammenarbeit mit der Rockefeller-Stiftung entschloß, die Agrarproduktion auf eine neue Grundlage zu stellen. Der Erfolg übertraf durch den Einsatz neuer ertragreicher Züchtungen alle Erwartungen. Andere Staaten, darunter Indien, übernahmen die Erfahrungen Mexikos. Die Grüne Revolution hielt im Panjab 1965 Einzug mit einer innovativen Agrartechnologie, die den Einsatz von Maschinen, Traktoren, Dünger, Schädlingsbekämpfungsmitteln, ertragreicherem Saatgut, neuen Bodenbearbeitungstechniken und Bewässerungsmethoden mit sich brachte. Sie verwandelte den Panjab in die reichste Region Indiens. Der große Erfolg der Grünen Revolution in gerade diesem Bundesstaat ist dabei auch auf günstige ökologische, demographische und infrastrukturelle Voraussetzungen zurückzuführen: Der Panjab verfügte nicht nur über natürlichen Wasserreichtum, sondern auch über ein Kanalbewässerungssystem und relativ gute Transportmöglichkeiten. Die landwirtschaftlichen Betriebe waren meistens keine kleinen Parzellen, sondern umfaßten größere Anbauflächen, was dem Einsatz der neuen Technologie entgegenkam. Viele Bewohner des Panjab hatten in der Kolonialarmee gedient oder im Ausland gearbeitet. Sie waren daher bereit, Neuerungen zu akzeptieren und sich auf modernere Arbeitsweisen einzustellen. Die

Devisen emigrierter Panjabis, die aus dem Ausland Geld an ihre Familien im Panjab schickten, halfen bei der kapitalintensiven Umstrukturierung der Landwirtschaft. Der Panjab zeigt eine lange Tradition der Emigration von Sikhs in Länder mit harter Währung wie England, Kanada, die USA oder Australien, in jüngster Zeit auch in die reichen ölexportierenden Golfstaaten. Der Kapitalzufluß von Emigranten ist bis heute ein wesentlicher Wirtschaftsfaktor im Panjab. 8–10% aller Sikhs leben außerhalb Indiens. 1983/84 überwiesen indische Emigranten 1,8 Billionen Dollar in ihr Heimatland; davon flossen 200 Millionen Dollar in den Panjab.[28]

Aufgrund der genannten Voraussetzungen feierte die Grüne Revolution im Panjab eine beispiellose Erfolgsgeschichte. Sie läßt sich mit einem Zahlenspiegel der Superlative belegen: 1970–71 lag die Reisernte bei 1765 kg pro Hektar im Panjab, während der indische Durchschnitt 1134 kg pro Hektar betrug. Der Maisertrag lag bei 1555 kg pro Hektar gegenüber 620 kg im nationalen Vergleich; ein Hektar Land erbrachte 2238 kg Weizen, außerhalb des Panjab dagegen nur 1299 kg. Die landwirtschaftliche Produktion stieg zwischen 1965/66 und 1978/79 durchschnittlich doppelt so schnell wie im übrigen Land. Das Pro-Kopf-Einkommen lag 1980/81 bei Rs. 1336, während der gesamtindische Durchschnitt Rs. 696 betrug. Der Panjab verfügt im weltweiten Maßstab nur über 0,3% der kultivierbaren Anbaufläche, produzierte aber 1980 fast 2% der Welt-Weizenernte.

Obwohl der Panjab somit innerhalb der indischen Union ein reicher Bundesstaat ist, beschwert sich die Sikh-Partei Akali Dal über die wirtschaftliche Diskriminierung der Sikhs durch die Zentralregierung in New Delhi. Die Sikhs argumentieren, daß sie den Panjab durch eigene Anstrengung und Verdienste in einen blühenden Agrarstaat verwandelt haben. Sie betonen, daß der Erfolg der Grünen Revolution vor allem auf ihren eigenen Fleiß, ihren unermüdlichen Einsatz und den für Sikhs typischen Unternehmungsgeist zurückzuführen sei. Die Früchte dieser eigenen Anstrengung könnten sie jedoch wegen der hohen Besteuerung nicht genießen. Die Zentralregierung ziehe den Gewinn, der im Panjab erwirtschaftet werde, regelmäßig ab, ohne wiederum in diesen Bundesstaat z.B. durch die Förderung von Industrieprojekten zu investieren.

In einem Dorf nahe der pakistanischen Grenze beschrieben mir einige Bauern im Frühjahr 1991 die Situation aus ihrer Sicht: „Der indische Staat kauft uns Weizen, Reis, Baumwolle, Zuckerrohr, Gemüse und Senföl zu sehr billigen Preisen ab und verkauft es dann teuer auf dem indischen Markt. Ein Kilo Weizen bringt uns Bauern im Panjab zwei Rupees und fünfzig Paisa, auf dem Markt wird es zum doppelten Preis weiterverkauft und sogar noch teurer ins Ausland exportiert. Die indische Regierung macht den Profit, wir Bauern gehen leer aus." Die Bauern beklagen sich, daß sie ihre Traktoren zu horrenden Preisen in anderen indischen Bundesstaaten kaufen müßten und daß der Profit ihrer harten landwirtschaftlichen Arbeit ihnen nicht zugute komme. Sie wollen daher eine eigene Regierung, die selbst exportieren kann, damit der Profit in den Panjab zurückfließt. Die Regierung in New Delhi habe zwar kürzlich fünf Fabriken für die Weiterverarbeitung von Zuckerrohr und eine Textilfabrik für die Stadt Ambala versprochen. Aber das sei nicht mehr als ein Trostpflaster. Einer der Bauern faßt die Klagen zusammen: „Es fehlt an technischen Mitteln und Industrie. Der Panjab bekommt nicht genügend Hilfestellungen und Lizenzen. Wir brauchen Khalistan. Unseren eigenen Sikh-Staat."

Auch wenn ich Fleiß, Tüchtigkeit und Unternehmungsgeist der Sikhs hier keineswegs in Abrede stellen will, so ist doch darauf hinzuweisen, daß die Erfolge des Panjab nicht allein auf den Einsatz der Sikhs zurückgeführt werden können. Ein wichtiger Erfolgsfaktor war die Bevorzugung des Panjab beim landwirtschaftlichen Entwicklungsprogramm: Der Verbrauch von Düngemitteln war von 1965 bis 1978 fast doppelt so hoch wie im restlichen Land. 1972 stand im Panjab für 102 Hektar Anbaufläche ein Traktor zur Verfügung; in anderen Anbaugebieten müssen im Durchschnitt mit einem Traktor 922 Hektar beackert werden. Die Landwirtschaft des Panjab verbraucht 43 % des gesamten Elektrizitätsbedarfs des Bundesstaates gegenüber 12 % in den übrigen indischen Bundesstaaten. Der Erfolg der Grünen Revolution im Panjab hängt also auch damit zusammen, daß er bei der Einführung der neuen Technologien in der Landwirtschaft bevorzugt wurde.

Auch der Sikh-Historiker und Journalist Kushwant Singh bestätigte in einem Interview mir gegenüber diese Sicht: „Die Sikhs sind die reichsten Bauern Indiens, aber ihr Reichtum gehört nicht ihnen allein. Es entspricht zwar ihrem Selbstbild, daß sie besser sind als alle anderen. Aber der Bakhra Staudamm, der sie das ganze Jahr über mit Wasser versorgt, die Elektrizität, damit ihre Pumpen funktionieren, der Einsatz von Kunstdünger, Pestiziden, usw. – das sind alles Dinge, die im Rest des Landes hergestellt werden, nicht im Panjab selbst. Und die haben ihnen erst diesen Reichtum gebracht."

Was jedoch die fehlenden Investitionen im industriellen Sektor angeht, gibt Kushwant Singh den Beschwerden recht; immer wieder habe die Regierung argumentiert, daß der Panjab als Grenzstaat zu Pakistan für industrielle Investitionen zu unsicher sei. Kushwant Singh gibt dagegen zu bedenken: „Die wichtigsten Industrien Pakistans sind um Lahore herum angesiedelt, also ebenfalls nur circa elf Meilen entfernt von der sensiblen indo-pakistanischen Grenze."

Zwischen dem landwirtschaftlichen Produktionsboom einerseits und der extrem schwachen industriellen Entwicklung im Panjab andererseits liegt ein tiefer Graben. So ist der industrielle Sektor des Panjab beispielsweise nicht in der Lage, ausreichende Produktionsmittel für die technischen Bedürfnisse der Landwirtschaft zu produzieren. Der Panjab verfügt über nur eine einzige Traktorenfabrik. Der Bedarf an chemischem Dünger, Pestiziden u.a. muß ebenfalls in anderen indischen Bundesstaaten gedeckt werden. Hierfür ist insbesondere die Vernachlässigung des Panjab bei Staatsinvestitionen im industriellen Sektor verantwortlich: Auf den Panjab entfiel bis 1975 nur 1 % der genannten Investitionen. Nach 1979 betrug der Anteil des Panjab durch staatliche Förderung einer Düngerfabrik in Bhatinda immer noch schwache 2,2 %. In den 80er Jahren belief sich die Zahl der vom Zentrum geförderten industriellen

Aufbauprojekte im Panjab auf 19, in Maharashtra hingegen auf 197, in Gujarat auf 136, in Uttar Pradesh auf 114 und auf 109 in Westbengalen. Allerdings ist bei diesen Vergleichszahlen zu berücksichtigen, daß der Panjab flächenmäßig wesentlich kleiner ist als die genannten anderen indischen Bundesstaaten. Das relativiert die Diskrepanz hinsichtlich der Zahl industrieller Aufbauprojekte wiederum etwas. 70% der Bevölkerung des Panjab sind im Agrarsektor tätig, der 52% des Staatshaushaltes dieses Bundeslandes ausmacht. Bekannt ist der Panjab eigentlich nur für seine Baumwoll- und Textilindustrie, die vor allem in Jallandar und Ludhiana angesiedelt ist. Daneben gibt es Fabriken für Fahrräder und ihre Ersatzteile, Sportartikel, Nähmaschinen und Werkzeuge.

Trotz der relativen Vernachlässigung des Panjab im industriellen Sektor bleibt die Tatsache bestehen, daß er im indischen Maßstab ein reicher Bundesstaat ist. Warum also sind viele seiner Bewohner so unzufrieden? Ist das etwa ein Wohlstandsproblem? Geht es den Sikhs zu gut, so daß sie übermütig werden? Die Erklärung ist wohl auf einer anderen Ebene zu suchen: Zwar ist der Panjab ein reicher Bundesstaat, aber auch im florierenden Panjab gibt es Armut. Der phänomenale Erfolg der neuen Technologien ging am Großteil der indischen Landbevölkerung spurlos vorüber. Die Saga vom reichen Panjab täuscht über die reale Armut großer Bevölkerungsteile hinweg, die nicht am neuen Reichtum teilhaben. Ihre Situation verschlechterte sich vielmehr durch die Konzentration des Kapitals in immer weniger Händen. Im Laufe der Grünen Revolution wurden in der Landwirtschaft des Panjab in wachsendem Maße kapitalintensive, kapitalistische Strukturen eingeführt. Es kam zu einer Klassenpolarisierung zwischen einer kleinen Zahl von reichen Großgrundbesitzern, vornehmlich Jat-Sikhs, und der Mehrheit von Kleinbauern sowie dem stetig wachsenden Agrarproletariat der größtenteils niederen Kasten. Nur wenige hatten das erforderliche Investitionsvolumen für Produktionsmittel wie Traktoren, Wasserpumpsysteme, Pestizide und Dünger oder waren wenigstens kreditwürdig, um auf diese Weise mitzuhalten.

Nicht jeder darf sich so glücklich schätzen wie Gurbachan Singh, ein Großbauer des Dorfes Balrampur.[29] Stolz und wohlgenährt steht er inmitten seiner Orangenplantage und deutet mit der Hand in Richtung Horizont. Irgendwo dort, hinter vielen Feldern mit reifem Korn, verläuft die Grenze seiner Ländereien. Er besitzt eigene Traktoren und verfügt über Wohlstandssymbole wie einen Fernseher und einen Kühlschrank. An seinen abgearbeiteten, mageren und eingeschüchtert wirkenden Erntehelfern ging der Produktionsboom dagegen spurlos vorüber.

Der Schnellzug der landwirtschaftlichen Modernisierung fuhr ohne die Kleinbauern und armen Landarbeiter davon. Im Jahre 1972 erwarben die oberen 10% der Großbauern fast 70% der Traktoren, 25% der Brunnenanlagen und Pumpsysteme, knapp 30% der Mähmaschinen und 25% der Landneukäufe. Im Gegensatz dazu erwarben die fast 50% der Kleinbauern beispielsweise keinen einzigen Traktor. Die Großbauern konnten bei Kooperativen, Banken und anderen Kreditinstitutionen günstige Kredite zu 6 bis 10-prozentigem Zinssatz aufnehmen, während sich die Kleinbauern auf dem inoffiziellen Geldmarkt oder bei traditionellen Geldverleihern zu 12 bis 15-prozentigen Zinssätzen verschuldeten. Konnten sie die Kredite nicht zurückzahlen, mußten sie ihren Landbesitz verkaufen. Der Anteil des landlosen Agrarproletariats innerhalb der gesamten in der Landwirtschaft tätigen Bevölkerung stieg bis 1971 auf über 30%.

Zusätzlichen Druck auf das einheimische Agrarproletariat im Panjab übte der Zustrom von Gast- und Saisonarbeitern aus den anderen indischen Bundesstaaten Bihar, Uttar Pradesh, Madhya Pradesh und Rajasthan aus. Diese den niedrigsten sozio-ökonomischen Schichten angehörenden Landarbeiter fanden vielfach in ihren eigenen Bundesländern keine Lohnarbeit. Die Großbauern des Panjab hingegen konnten die zugewanderten Arbeitskräfte auf ihren riesigen Farmen gut gebrauchen. Sie profitierten darüber hinaus vom geringeren Organsiationsgrad dieser Saisonarbeiter. Die Gastarbeiter hatten keine ökonomischen und sozialen Wurzeln im Panjab. Sie unterschieden sich vom einheimischen Landproletariat durch eine andere Sprache, Kultur und andere ökonomische Interessen. Daher hatten sie kaum eine Möglichkeit, sich für eine soziale Besserstellung zu engagieren, und wurden so zum Opfer der ökonomischen Ausbeutung und sozialen Unterdrückung. Gleichzeitig dienten die billigen Landarbeiter aus anderen Bundesländern den reichen Großgrundbesitzern des Panjab als Trumpf gegen die einheimischen Arbeiter, wenn diese für gerechtere Arbeitsbedingungen und Lohnzahlungen agitierten. Dennoch ließen die politischen Auswirkungen der beschriebenen Sozialstruktur nicht lange auf sich warten: Die von den privilegierten Teilen der Sikhgemeinschaft, insbesondere den reichen Jat-Bauern, dominierte Akali Dal verlor zunehmend Stimmen. Gleichzeitig stieg der Einfluß der Gewerkschaften und der Kommunistischen Partei. 1972 gewann die Akali Dal nur ein Viertel der Sikh-Stimmen. Und auch die billigen Gastarbeiter – fast ausnahmslos Hindus – entwickelten sich zum politischen Faktor: Viele der Saisonarbeiter, die anfänglich nur zur Säh- und Erntezeit in den Panjab kamen, bleiben schließlich während der übrigen Zeit in den Städten des Panjab, wo sie als Rikshafahrer oder im Straßenbau arbeiten. Durch ihren bleibenden Aufenthalt erhalten sie das Wahlrecht im Panjab. Die Sikh-Großgrundbesitzer sehen sich daher einem Dilemma gegenüber. Einerseits wollen sie von den billigen Hindu-Arbeitskräften profitieren, andererseits schwächt deren Wahlrecht die Position der Sikh-Partei Akali Dal. Diese aber ist letztlich die politische Interessenvertretung der reichen Sikh-Bauern. Bei den Großgrundbesitzern und den Politikern der Akali Dal wuchs daher die Furcht vor dem Verlust ihres politischen Einflusses. Um dem vorzubeugen, mußte die Einheit der Sikhgemeinschaft stabilisiert werden. Es ging darum, die breiten Sikh-Massen politisch hinter sich zu bringen. Die Akali Dal begann daher, ganz bewußt die Einheit der Sikhgemeinschaft zu betonen und diese immer wieder gegen das Hindu-Feindbild abzugrenzen. Auf diese Weise konnte sie die kulturellen und wirtschaftlichen Unterschiede innerhalb der eigenen Gemeinschaft überbrücken. Der Kampf um wirtschaftlichen und politischen Einfluß konnte so an eine andere

Front verlegt werden: Der Verteilungskampf spielte sich nicht mehr innerhalb der eigenen Gemeinschaft, also zwischen armen und reichen Sikhs ab, sondern zwischen zwei verschiedenen Gemeinschaften, den Hindus und den Sikhs. So wurde beispielsweise unter der Sikh-Bevölkerung die Furcht verbreitet, durch die zugewanderten Hindu-Gastarbeiter im eigenen Bundesstaat wieder in die Minderheit zu geraten und letztlich von Hindus dominiert zu werden. Durch diesen Schachzug war es möglich, immer wieder die Religionszugehörigkeit zu mißbrauchen, um Gemeinschaften gegeneinander aufzuhetzen und damit von den Ungerechtigkeiten innerhalb der eigenen Gruppe abzulenken. Der moderne Sikhfundamentalismus, der in den 80er Jahren in einen blutigen Konflikt mündete, entspringt also nicht rein religiösen Motiven. Eine seiner Ursachen ist der Machterhaltungsanspruch der wohlhabenden Jat-Bauern.

Extremistische Parolen finden aber auch und gerade bei jungen Sikhs Anklang: Viele von ihnen haben eine akademische Bildung genossen. Trotzdem stehen sie oft ohne Arbeit da, weil die mittelständische Industrie und der Handel von Hindus kontrolliert werden. Im März 1986 betrug die Zahl der gemeldeten Arbeitslosen – allerdings ohne Aufschlüsselung ihrer ethnischen Zugehörigkeit – im Panjab 655.430, wovon 286.801 auf die Städte und 368.629 auf die ländlichen Gebiete entfielen. Es ist davon auszugehen, daß die tatsächlichen Zahlen weit über den genannten liegen, denn es besteht keine Meldepflicht für Arbeitslose. Hinzu kommt, daß sich die Arbeitsämter in den Städten befinden; gerade die Zahl der Arbeitslosen auf dem Land ist daher wohl höher anzusetzen.

Traditionsgemäß sind viele Sikhs auch außerhalb des Panjab im Transportgeschäft tätig. Durch die politische Lage und das angespannte Verhältnis zwischen Sikhs und anderen Gemeinschaften sank in den 80er Jahren jedoch die Auftragslage der panjabischen Transportunternehmen in den anderen Bundesländern; einige der Beschäftigten suchen nun nach neuen Arbeitsmöglichkeiten im Panjab, was zusätzlichen Druck auf den Arbeitsmarkt ausübt. Grundsätzlich erfüllt der Panjab die Voraussetzungen für die Schaffung neuer Arbeitsplätze; vorgeschlagen wird vor allem der Aufbau von Zuckerfabriken sowie einer baumwoll- und holzverarbeitenden Industrie. Zu denken wäre auch an die Nahrungsmittelindustrie, die auf dem Agrarsektor aufbauen könnte.

Die instabile Lage des Panjab, die einer politischen Handhabung über lange Zeit entglitten war und sich erst 1993 einigermaßen beruhigte, stand solchen Investitionen jedoch entgegen. Hindus befürchteten sogar, daß sich eine Situation wie 1946/47 zu Zeiten der Teilung wiederholen könne, die sie zwingen würde, den Panjab zu verlassen. Das Kapital vieler Hindus floß bereits aus dem Panjab ab in den Nachbarstaat Haryana und in die Hauptstadt New Delhi; einige Projekte und Pläne wurden vertagt oder ganz abgesagt. Auch Industrielle außerhalb des Panjab scheuten sich, Kapital in das Krisengebiet zu investieren.

Obwohl Abeitslosigkeit auch in anderen indischen Bundesstaaten ein akutes Problem ist, gewinnt sie speziell im Panjab eine weitere sozialpsychologische Dimension hinzu: Die Jat-Sikhs der landbesitzenden Klasse rechnen sich – wie bereits weiter oben beschrieben – selbst einer hohen gesellschaftlichen Schicht zu und empfinden eine untergeordnete Tätigkeit in der Regel als unter ihrer Würde. Der Agrarsektor bietet für die jungen Sikhs mit guter schulischer Ausbildung und einem ihnen innewohnenden „Herrscherinstinkt" keine attraktiven Beschäftigungsmöglichkeiten. „Wer trotz Schulbildung keine Stelle findet und wenig Anteil an dem Wohlstand hat, der ihn umgibt, ist rasch bereit, radikale Lösungen zu fordern."[30] Junge akademisch gebildete Jats stoßen gerade in den Bereichen, die sie beruflich anstreben, u.a. auf die Konkurrenz der Harijans, der Unberührbaren, die ganz außerhalb des Kastensystems stehen. Für sie wurde durch Quotenregelung eine beträchtliche Zahl von Stellen im Staatsdienst reserviert. Die um 1950 geborenen Kinder von Harijans, die durch die Reservierungspolitik auch Zugang zu staatlich geförderter Schulbildung bekamen, besetzen heute zum Teil hohe Positionen im Staatsdienst, z.B. im Indian Army Service oder im Indian Police Service.

IV. Der Sikh-Konflikt

1. Forderungen der Sikhs

Die Sikhgemeinschaft ist kein einheitlicher, solidarischer Block, der eine Meinung mit einer Stimme vertritt. Trotz einer gemeinsamen Geschichte und Religion bestehen innerhalb der Gemeinschaft Gegensätze, z.B. zwischen Arm und Reich, zwischen Sikhs auf dem Land und jenen in der Stadt. Die Sikhpartei Akali Dal erhebt jedoch den Anspruch, die alleinige politische Vertretung aller Sikhs zu sein. Um diesem Anspruch gerecht zu werden, sucht die Partei nach Mitteln, mit denen sie über die Gegensätze hinweg das Zusammengehörigkeitsgefühl, das Bewußtsein einer eigenen Sikhidentität, stärken kann. Denn nur so kann sie die Sikhs für ihre politischen Ziele geschlossen hinter sich bringen. Zum anderen muß sie eine Strategie entwerfen, mit der sie ihre Machtbasis unter der wirtschaftlich prosperierenden Sikh-Elite, allen voran den Jatbauern, stabilisieren kann. Um sowohl die breite Sikhbevölkerung wie auch die Sikhelite in ein parteipolitisches Programm einbinden zu können, vertritt die Akali Dal die verschiedensten Forderungen der Sikhs gegenüber der Zentralregierung in New Delhi. In diesen Forderungen können sich die unterschiedlichen ökonomischen Interessengruppen der Sikhs genauso wiederfinden wie jene Sikhs, denen es hauptsächlich um eine größere Anerkennung ihrer Religion geht, und solche, die nach mehr Unabhängigkeit vom indischen Staat streben.

Die wesentlichen *ökonomischen* Forderungen lauten: höhere Preise für landwirtschaftliche Produkte, niedrigere Preise für staatliche Versorgungsleistungen, Steuererleichterungen beim Kauf von Traktoren, mehr Wasser aus den Panjab-Flüssen für die Sikh-Bauern und Förderung der Industrie im Panjab. Ökonomische Forderungen haben im Panjab Konjunktur, denn der

Höhepunkt der Grünen Revolution ist mittlerweile überschritten. Einer der Hauptgründe liegt sicherlich in der ökologischen Krise, in der sich Indien befindet: In vielen Gegenden sinkt der Grundwasserspiegel immer mehr ab; auch die Regenfälle in der Monsunzeit werden von Jahr zu Jahr knapper, was mit der Entwaldung weiter Landstriche zusammenhängt. Um Ackerland zu gewinnen, holzt die Regierung nach offiziellen Schätzungen jährlich über eine Million Hektar Wald ab. In den vergangenen dreißig Jahren wurden jedoch nur rund zwei Hektar wiederaufgeforstet. Circa 60 % der Agrarfläche sind erosionsgefährdet. Der in der indischen Stadt Pune lebende Journalist Rainer Hörig zieht die ökologische Bilanz der Grünen Revolution: „Eine weitere Steigerung der Ernteerträge ist so gut wie ausgeschlossen – die Böden sind ausgelaugt. Langjährige Kanalbewässerung hat riesige Flächen versalzen und versumpfen lassen. Ununterbrochener Dünger- und Pestizideinsatz tötete im Boden nützliche Organismen und Kleintiere ab. Vielerorts sind Schädlinge auch mit Gift nicht mehr unter Kontrolle zu halten. Die Grüne Revolution trägt auch zum weltweiten Treibhauseffekt bei, weil viel mehr Energie in Form von Mineraldünger, herangepumptem Wasser und Traktorenöl in die Kulturen investiert werden muß, als im naturnahen Landbau. Die von zentralen Zuchtstationen entwickelten Getreidesorten haben vielerorts einheimische, resistente Arten verdrängt, daher gerät die Ernährungssicherheit in Gefahr. Heute ist die Regierung gezwungen, Mineraldünger und Strom für Bewässerungspumpen mit Milliardenbeträgen zu subventionieren, will sie nicht Bauernaufstände und Hungersnöte riskieren.“[31]

Wasser ist zum großen Zankapfel in Indien geworden. Kanalprojekte wie z.B. der Sutlej-Jamuna-Kanal, der Wasser aus den Flüssen des Panjab nach Haryana umleiten soll, sind jeweils ein großes Politikum. Über Jahre hinweg versuchte die Akali Dal, mit klassischen parlamentarischen Mitteln ihre Forderung nach mehr Wasser für die Sikhbauern durchzusetzen. Um dieser Forderung mehr Nachdruck zu verleihen, organisierte sie dann auch Demonstrationen und Straßenblockaden. Die Sikh-Terroristen griffen schließlich jedoch zu anderen Methoden als die gemäßigte Akali Dal: Sie töteten kurzerhand 1991 dreißig Kanalbauarbeiter und zwei der Chefingenieure. Deren Posten konnten wegen der Einschüchterung anderer Kandidaten nicht neu besetzt werden. Für über drei Jahre brachten die Terroristen den umstrittenen Kanalbau somit zum Stillstand. Schließlich wurden Angehörige der Armee mit dem Weiterbau beauftragt.

Die Ansprüche der Akali Dal beschränken sich nicht auf den ökonomischen Bereich, sondern beinhalten darüber hinaus theo-politische und regionale Forderungen. Zu den wichtigsten *theo-politischen* Forderungen zählten die Anerkennung Amritsars als heiliger Stadt und die Installation eines Rundfunksenders im Goldenen Tempel. Am 25. November 1982 erfüllte Indira Gandhi unter dem Druck extremistischer Ausschreitungen diese Forderungen. Amritsar zählt seitdem neben Jerusalem, Mekka, Benares und Rom zu den religiösen Hauptstädten der Welt. Auch genehmigte Indira Gandhi eine tägliche Rundfunkübertragung der Sikh-Gottesdienste aus dem Goldenen Tempel.

Die am schärfsten zugespitzten Forderungen sind die *regionaler* Art. Zu ihnen zählte zum einen die Forderung nach einer eigenen Sprachprovinz, der Panjabi Suba, die – wie bereits dargestellt – 1966 nach zähem Ringen der Sikhs von Indira Gandhi geschaffen wurde. Sikhs fordern weiterhin, daß die nach wie vor zwischen den Bundesstaaten Haryana und Panjab geteilte Stadt Chandigarh alleinige Hauptstadt des Panjab werden soll. Darüber hinaus verlangen sie den Einschluß panjabisprechender Gebiete in den gegenwärtigen Panjab. Abgerundet werden die regionalen Vorstellungen der Akali Dal durch die Forderung nach Staatsautonomie. Innerhalb der Partei kursieren jedoch verschiedene Vorstellungen darüber, wie eine solche Staatsautonomie tatsächlich aussehen solle.

Was die Forderung nach Chandigarh als alleiniger Hauptstadt des Panjab angeht, wofür die Akali Dal seit 1966 agitiert, so sind zahlreiche Lösungsansätze bis heute erfolglos geblieben. Die Zukunft der von dem französischen Architekten Le Corbusier entworfenen Stadt mit ihren modernen Regierungsgebäuden ist noch immer ungeklärt. 1970 war der Vorschlag im Gespräch, daß Haryana innerhalb von fünf Jahren aus Bundesmitteln eine neue Hauptstadt baut, die Stadt Chandigarh dem Panjab überläßt und als Ausgleich zwei Gebiete aus dem Territorium des Panjab zugesprochen erhält. Die Akalis weigerten sich jedoch, die beiden Gebiete zugunsten Haryanas abzuschreiben und forderten eine bedingungslose Übergabe Chandigarhs. 1985 sah das Abkommen zwischen Rajiv Gandhi und dem Akali Dal Politiker Longowal ebenfalls den Austausch Chandigarhs gegen hindisprachige Gebiete des Panjab vor und versuchte darüber hinaus auch noch die strittige Frage der Wasserzuteilung zu lösen. Das Abkommen, das wesentliche Zugeständnisse an die Sikhs vorsah, wurde jedoch zu Grabe getragen. Die Kongreßpartei hatte die Landtagswahl im Panjab vom September 1985 bereits verloren, während die Akali Dal einen überzeugenden Sieg erlangt hatte. Eine Erfüllung des Abkommens hätte nun auch noch die Position der Kongreßpartei in Haryana gefährdet. Entsprechend den Abmachungen hätte Chandigarh am 26. Januar 1986, dem Tag der Republik, an den Panjab übergehen sollen, was jedoch nicht geschah. Rajiv Gandhi wiederholte hier das Verhalten seiner Mutter, die bereits 1983 die machtpolitischen Interessen der Partei einer Beilegung des Panjab-Problems durch ein Abkommen mit den Sikhs vorgezogen hatte. Indem Rajiv Gandhi sein Versprechen nicht einhielt, untergrub er abermals die Autorität der gemäßigten Sikh-Politiker. Der neue Ministerpräsident des Panjab, der Akalipolitiker Surjit Singh Barnala, verlor seine moderate Anhängerschaft, die sich in ihrem Vertrauen auf den Versöhnungswillen der Zentrale in Delhi getäuscht und wiederum ungerecht behandelt sah: ein Pluspunkt für die Extremisten unter den Sikhs. Sie nahmen den Vertrauensbruch der Regierung als Beweis dafür, daß der Kampf um Gerechtigkeit für die Sikhs nur mit einem harten Konfrontationskurs auszufechten sei, nicht aber mit politischen Verhandlungen.

Nach den Landtagswahlen im Panjab vom Frühjahr 1992 und der Einsetzung des 70-jährigen Kongreßpolitikers Beant Singh als neuen Ministerpräsidenten des Panjab flackerte die

Diskussion um Chandigarh erneut auf: Der Transfer Chandigarhs wurde von einigen als politisches Mittel gesehen, mit dem die Zentralregierung im Panjabkonflikt etwas bewirken könnte. Eine Beilegung des Hauptstadtproblems würde demonstrieren, daß die Regierung trotz der verfahrenen Gesamtsituation in der Lage sei, Lösungen herbeizuführen. Die Gegner dieses Planes befürchteten hingegen, daß der bedingungslose Transfer Chandigarhs, wie er von den Akali Politikern und den Militanten gefordert wurde, als Erfolg auf Seiten der antinationalen, separatistischen Kräfte verbucht worden wäre. Die Lösung der Chandigarh-Frage, einer der ältesten Forderungen der Akali Dal, ist weiterhin strittig und zweifelhaft.

Das im Forderungskatalog aufgeführte Ziel der Staatsautonomie fand ihren Niederschlag in einer berühmten Resolution, auf die sich Akali Dal Politiker in ihren Argumentationen immer wieder beriefen: 1973 wurde von der Akali Dal in Anandpur ein Beschluß verabschiedet: die Anandpur Sahib Resolution. Durch ihre mehrdeutigen Formulierungen hat die Resolution allerdings eher zur Verwirrung als zur Klärung des Zieles einer „Staatsautonomie" beigetragen. Über die wahre Aussageabsicht dieser Resolution sind sich nämlich die Sikhs selbst nicht einig: „Für manche Sikhs ist sie eine Charta für ein separates und souveränes Khalistan. Für andere fordert die Resolution die Schaffung eines vorwiegend sikhistischen Staates mit lockeren Bindungen an die Zentralregierung. Für die Gemäßigten, die sich nicht zuviel anmaßen wollen, ist die Resolution gleichbedeutend mit einer schönen Hauptstadt, mehr Wasser für ihre Felder und einem größeren Territorium."[32] Ungeachtet dessen, ob die Resolution nun einen separaten Sikh-Staat oder nur bessere Bedingungen für den Panjab anstrebt, ist festzustellen, daß vor allem die Gebietsansprüche der Sikhs eine große Rolle spielen. Es geht ihnen nicht nur um die Neufestlegung der Grenzen zwischen Panjab und Haryana, sondern auch um Einbeziehung der panjabisprachigen Gebiete, die – so die Akalis – absichtlich aus dem Panjab herausgeschnitten worden seien.[33] In der Resolution beginnt die Aufzählung der Gebiete, die von Sikhs eingefordert werden, mit

„areas such as“ (Gebiete *wie*), was die Vermutung nährt, die Aufzählung solle womöglich nur illustrativ und exemplarisch, nicht aber erschöpfend sein.

Ein Sikh schilderte mir seine Vision eines zukünftigen Khalistan: Aus dem Blickwinkel von 1857, der Zeit Maharaja Ranjit Singhs, der das Sikh-Reich bis zum Khyber-Paß ausdehnte, könne man auch das Ziel vor Augen haben, den Staat Khalistan zu erweitern. Zwar sei durch die Teilung in Indien und Pakistan ein Khalistan in der Größe dieses ehemaligen Reiches nicht wieder herstellbar. Aber es sei denkbar, neue Gebiete zu erobern: „Man braucht nicht unbedingt einen Hafen, aber mehrere gut ausgebaute Flughäfen sind wichtig für den Anschluß Khalistans an den Welthandel.“ Ausgehend vom historischen Modell des Sikh-Königreiches unter Ranjit Singh entwickelten viele Sikhs die Vorstellung von einem wohlhabenden Sikh-Staat, der allein durch den Fleiß und die Tatkraft seiner Bewohner Indiens Armut weit hinter sich lassen könne. Der zitierte Sikh steht mit seiner Zukunftsvision exemplarisch dafür, was in dem geistigen und intellektuellen Klima eines vom Bürgerkrieg verzerrten Gebietes, in dem jeder seinen Utopien nachgeht, entstehen kann. Er steht inmitten seines Dorfes, dessen Wege noch vom letzten Monsun aufgeweicht sind. Die Tonga, eine einspännige Kutsche, stellt die Verbindung zum nächsten Provinzstädtchen Bhikiwind her. Doch seine Träume fliegen hoch. Der geistigen Enge und dem Ordnungsvakuum steht hier die Allmacht des Gedankens gegenüber.

Aber auch Manjit Singh, der Präsident der terroristischen Studentenorganisation „All India Sikh Students Federation“ (AISSF) teilt die Vision des Mannes vom Dorf. Ihm dient die Khalistan-Vision dazu, um aus den Reihen der Studenten engagierte Rekruten für den terroristischen Kampf um einen eigenen Sikhstaat zu gewinnen. Die Durchführung des Interviews mit Manjit Singh war mit kuriosen Umständen verbunden: In Begleitung eines Sympathisanten der extremistischen Bewegung hatte ich versucht, den Präsidenten der AISSF in Amritsar ausfindig zu machen. Da die Organisation zu den Haupt-Terrorgruppen des Panjab zählte, lebte Manjit Singh natürlich im Untergrund. Mein Begleiter kannte jedoch den letzten Aufenthaltsort, ein verwinkeltes Gebäude mit Innenhof in der Altstadt Amritsars, das wir schwer bewacht und unter voller Polizeikontrolle vorfanden. Als wir nach Manjit Singh fragten, erhielten wir jedoch ganz freundliche Auskunft: Er lebe nicht mehr hier und man kenne seinen momentanen Unterschlupf nicht. Wir fragten daraufhin einige Leute in der Nähe des Gebäudes und erhielten kurioserweise schließlich die richtige Adresse von einem Hindu-Priester im Tempel um die Ecke! Während eine halbe Mannschaft den letzten Aufenthaltsort des Terroristen umstellt und seinen aktuellen Unterschlupf nicht kennt, zwitschern es schon fast die Vögel von den Dächern! Ein anschaulicheres Beispiel für die jahrelange Ineffektivität der Polizei und der paramilitärischen Streitkräfte, die mit ihrer gesamten Übermacht wenig gegen die entschlossenen Terroristen ausrichten konnten, läßt sich kaum vorstellen. Schließlich treffen wir Manjit Singh wenige Straßenzüge entfernt unter dem Schutz von 12 mit Maschinengewehren bewaffneten jungen Sikhs an. Obwohl Manjit Singh Englisch versteht und auch sprechen kann, weigert er sich, das Interview mit mir auf Englisch zu führen. Wir schalten also einen Dolmetscher ein, der meine Fragen auf Panjabi wiederholt und seine Antworten ins Englische überträgt. Die Weigerung Manjit Singhs, Englisch zu sprechen, ist ein konkretes Beispiel für die hartnäckige Sprachpolitik der Militanten. Sie kämpften dafür, Panjabi als alleinige Sprache im Panjab durchzusetzen. Teilweise gingen sie an offiziellen Stellen wie Ämtern und Behörden mit Gewalt gegen Englisch und Hindi vor. Manjit Singh verkörperte im Erscheinungsbild der traditionellen Sikhuniform mit einem langen Kirpan und durch seine Rhetorik den Typus des klassischen Sikh-Märtyrers; tatsächlich war er mehrmals in Haft und wurde nach eigener Aussage gefoltert. Dennoch werde er den Kampf für *Khalistan* nicht aufgeben, denn die Sikh-Kultur sei in Gefahr. Besonders die Zerstörung des *Akal Takht* im Jahre 1984 während *Operation Bluestar* sei der Auslöser für militante Aktionen junger Sikhs gewesen, die von ihrer Mentalität her schnell zornig seien, wenn sie ungerecht behandelt würden. Der Präsident der AISSF ist davon überzeugt, daß die Sikhs langfristig einen Staat errichten werden, der sogar ein idealer Modellstaat für andere Länder sein könne. Alles Leben und vor allem Frauen und Kinder würden in diesem Staat geschützt und respektiert. Dabei sei nicht gesagt, daß dieser angestrebte Staat in den heutigen Grenzen des Panjab bleiben werde; denn wie auch das Königreich von Ranjit Singh wesentlich größer gewesen sei, werde man vielleicht Teile von Haryana und Rajasthan hinzugewinnen beziehungsweise erobern.

In den Ausführungen Manjit Singhs findet sich das typische Argumentationsmuster der meisten militanten Sikhs wieder. Dieses entwickelt sich im Wechselspiel aus der Angstneurose um den Zerfall der Sikhidentität einerseits sowie der kämpferischen Offensive andererseits. Das Gefühl einer Bedrohung der Sikhgemeinschaft mündet schließlich in beispiellosen Vorstellungen absoluter Grandiosität, die als Traumgebilde über dem Terror einen idealen Modellstaat errichtet.

Auch im Bewußtsein vieler junger Sikh-Studenten der Guru Nanak Universität in Amritsar, die sich unter dem Banner der AISSF in den Kampftrupp für einen separaten Staat *Khalistan* einreihen, lebt dieses Denkmodell mit seinen Analogien zur historischen Vergangenheit fort. Zwei Sikh-Studenten teilen mir mit: „Wir wollen ein Modell schaffen, einen idealen Staat in dieser Welt. Wir sind uns klar bewußt, daß wir viele Schwierigkeiten zu überwinden haben. Aber es liegt im Wesen der Khalsa, Probleme zu überwinden. Unser Staat wird auf den humanitären Grundsätzen beruhen, die in der Sikhphilosophie verankert sind."

2. Marionetten und Drahtzieher: das Spiel mit der Macht

In den 80er Jahren gewann die Auseinandersetzung im Panjab eine neue Dimension hinzu. Es kam zu einer Eskalation, die den Bundesstaat innerhalb weniger Jahre in ein vom Terror überzogenes Krisengebiet verwandelte. Diese Terroreskalation, die dazu führte, daß international vom Konfliktpotential im Panjab Notiz genommen wurde, wird vor allem mit einem Namen in Verbindung gebracht: Jarnail Singh Bhindranwale. Er schürte als Integrationsfigur der extremistischen Sikhs den zuvor nur schwelenden Konflikt und ist verantwortlich für blutigste Ausschreitungen – nicht nur gegen die Hindus des Panjab, sondern auch gegen solche Sikhs, die nicht mit den Extremisten kollaborieren wollten. Letztlich provozierte Bhindranwale die Erstürmung des größten Heiligtums der Sikhs durch die indische Armee.

Weniger bekannt ist jedoch, daß Bhindranwale von den Kongreßpolitikern selbst zu einer politischen Kraft herangezüchtet wurde, die Zwist unter den Akalis säen sollte. Die jüngste Geschichte des Sikh-Konfliktes seit den 80er Jahren hat erwiesen, welchen tragischen Ausgang dieser vermeintlich taktische Schachzug nahm. Mit anderen Worten: Den bösen Geist, den die Kongreßpolitiker gerufen hatten, wurden sie nicht wieder los. 1977 wurde Bhindranwale Vorsteher des *Damdami Taksal*, eines berühmten religiösen Zentrum im Amritsar-Distrikt, dem Ausbildungsinstitut für die Sänger, die aus dem Granth Sahib rezitieren: Von Amritsar her kommend biegt nach circa dreißig Kilometern auf der Höhe des Dorfes Chowk Metha ein schmaler, geteerter Weg von der Landstraße ab, der durch üppige Felder auf eine klosterähnliche Anlage zuführt: das *Damdami Taksal*. Ein betriebseigener Bus und Traktoren kommen von dort entgegen. Das Priesterseminar erweist sich schon aus der Entfernung als reges Unternehmen. Die gut bestellten Felder auf dem Weg zum *Damdami Taksal* bestätigen das gängige Bild des dynamisch-vitalen Sikh, der sich durch Fleiß und unermüdliche Arbeit im täglichen Kampf um das Überleben bewährt und wenig von Meditation und Askese hält. Hohe Mauern, die dem Gebäudekomplex von außen einen festungsartigen Charakter verleihen, versperren zunächst den Einblick. Hinter dem wehrhaft anmutenden Tor empfangen mich und meinen Sikh-Begleiter, der das Treffen als Sympathisant der Bewegung arrangieren konnte, junge Männer, die ohne Zweifel ein weiteres Stereotyp bestätigen: das des martialischen Sikh. Sie alle sind nach der Vorschrift des zehnten Guru Gobind Singh mit langen Kirpans ausgestattet. In ihrer traditionellen Krieger-Uniform dominieren die Symbolfarben des Kampfes für einen separaten Sikh-Staat *Khalistan* – safranfarbene oder schwarze Turbane mit dunkelblauer oder weißer Kleidung. Die kasernengroße Anlage umfaßt mehrere zweistöckige Gebäude, große Grünflächen, eine Art Sportgelände und einen Sikh-Tempel. Dreihundert bis vierhundert Jungen und Männer von circa sieben bis vierzig Jahren leben hier gemeinschaftlich. Auf dem Rasen sitzen kleinere Gruppen zusammen und üben unter Anweisung die heiligen Gesänge, begleitet von einem Harmonium. Hier war Bhindranwale, die Integrationsfigur der extremistischen Sikhs, von 1977 bis zu seinem Tod im Jahre 1982 Vorsteher des berühmten religiösen Zentrums, von hier erfolgte sein Aufstieg zur Kultfigur und zum Kriegerpriester, der den Terror im Panjab schürte und eine nicht abreißende Kette von Gewaltausschreitungen auslöste. Die Gründung des *Damdami Taksal* hingegen wird auf das 18. Jahrhundert datiert und Baba Deep Singh zugeschrieben, eben jenem Krieger, der seinen abgeschlagenen Kopf eigenhändig in den Goldenen Tempel schleuderte. Circa 200 Jahre später gelang es seinem Nachfolger, dem Fundamentalisten Bhindranwale, das Priesterseminar über seinen Tod hinaus in eine Kaderschmiede des Extremismus umzuwandeln.

Zunächst schien Bhindranwale allerdings jegliche extremistische Agitation ferngelegen zu haben. Ohne die intrigante Verbrüderung der Kongreßregierung mit Bhindranwale wäre dieser vielleicht ein friedlicher Priester geblieben. Die Verbrüderung hat folgenden Hintergrund: 1977 war das Jahr, in dem Indira Gandhi ihre größte Niederlage erlitt. Sie verlor ihren Sitz im Parlament. Ihre Popularität hatte aufgrund verschiedener Faktoren abgenommen. Ein Punkt, der Indira Gandhi bei der Bevölkerung aus persönlichen, sozialen und wirtschaftlichen Gründen unbeliebt machte, war die rigoros durchgeführte Sterilisationskampagne. Hinzu kamen politische Unruhen wegen unzureichender Reservierungsquoten für die Unterprivilegierten und zu knapp bemessener Entwicklungsprogramme. Die Akalis fädelten sich in die Anti-Kongreß-Agitation ein. Diese steigerte sich zu einer nationalen Protestbewegung gegen Indira Gandhi, was diese veranlaßte, am 25. Juni 1975 den Ausnahmezustand zu proklamieren, der international als Ende der indischen Demokratie interpretiert wurde. Es kam zu Massenverhaftungen führender Oppositionspolitiker. Im Tihar Gefängnis von New Delhi beschlossen die Führer aller politischen Parteien, sich zu einer vereinigten Partei im Kampf gegen den Kongreß zusammenzuschließen: der Janata-Partei. Nicht zuletzt wegen der Proteste aus dem Ausland und um ihr Image langfristig wiederherzustellen, hob Indira Gandhi den Ausnahmezustand 1977 auf und rief demokratische Wahlen aus. Diese brachten große Verluste für die Kongreßpartei mit sich. Die Janata-Partei, der Zusammenschluß der führenden Oppositionsparteien, übernahm die Regierungsgeschäfte. Es schien, als ob Indira Gandhi ihre Niederlage, das vermeintliche Ende ihrer politischen Karriere, akzeptiere. Nicht so jedoch ihr Sohn, Sanjay Gandhi. Er überlegte sich eine Strategie, um seine Mutter wieder an die Macht zu bringen. Teil seines Planes war das Aufbrechen der Koalition von Akali Dal und Janata-Partei im Panjab. Als taktischen Einsager wählte er Zail Singh, ein führendes Sikh-Mitglied der Kongreßpartei, das später zum Präsidenten der indischen Republik avancierte. Zail Singh war von 1972 bis zur Wahlniederlage des Kongresses 1977 Ministerpräsident des Panjab gewesen. Da er durch den Sieg der Koalition von Janata-Partei und Akali Dal seinen Ministerposten im Panjab verloren hatte, bestand auch ein persönliches Interesse seinerseits an einem Schlag gegen die neue Regierung des Panjab. Darüber hinaus ermittelte die Janata-Regierung wegen Korruption gegen den ehemaligen Regierungschef des Panjab. Zail Singh empfahl Sanjay, einen neuen religiösen Führer zu suchen, der Einfluß auf die Massen der Sikhs nehmen und die traditionellen Führer der Akali Dal[34] in Mißkredit bringen solle. Die Wahl fiel auf Bhindranwale. Er erhielt den Auftrag, Zwist zu säen.

Von da an nahmen die Reden Bhindranwales radikale Züge an. Ein konkretes Aktionsfeld bot sich Bhindranwale 1978 durch den Konflikt zwischen der reformistischen Nirankari-

Sekte und den orthodoxen Sikhs. Die Nirankaris glauben an einen menschlichen Guru und halten den Granth Sahib für ein gewöhnliches Buch. Die meisten orthodoxen Sikhs betrachten die Nirankaris, die auch einen gewissen Zulauf von Hindus verzeichnen, deshalb als Ketzer. Hier mischte sich Bhindranwale in die Diskussion. Als Anführer einer Prozession löste er eine Schlacht aus, bei der zwölf Sikhs und drei Nirankaris getötet wurden. Die zwölf Sikhs wurden in die Reihe der Märtyrer eingereiht. Durch die Anti-Nirankari-Agitation wurde die Akali Dal in ein Dilemma hineinmanövriert: In ihrer Funktion als Koalitionspartner der säkularen Regierung im Panjab durfte sie die Gewaltausschreitungen nicht tolerieren und schon gar nicht unterstützen. Als Vertreter der Sikh-Orthodoxie durfte sie sich jedoch auch nicht öffentlich von einer Bewegung gegen eine ketzerische Sekte distanzieren, ohne sich den Zorn der eigenen Wähler zuzuziehen. Der Boden für innerparteiliche Auseinandersetzungen zwischen den Akali Dal-Führern war somit bereitet. Die Zwistigkeiten unter ihnen dauerten an; die Janata-Regierung zerbrach an ihren internen Konflikten, und Indira Gandhi wurde bei den Parlamentswahlen im Jahre 1980 wieder Premierministerin. Zail Singh erhielt den Posten des Innenministers in ihrem Kabinett. Im Panjab erlitten die Akalis große Verluste. Der Konflikt innerhalb der Sikhgemeinschaft hatte somit den Taktikern der Kongreßpartei die Chance gegeben, die Akali Dal zu spalten. Dem Ziel der politischen Machterhaltung des Kongresses wurde Priorität gegeben vor einer zu diesem Zeitpunkt noch möglichen politischen Einigung mit den gemäßigten Akalipolitikern über deren Forderungen im Panjab – auch um den Preis der damit beginnenden Terroreskalation. Mit der Einsetzung des politischen Akteurs Bhindranwale untergrub die Kongreßpartei das Ansehen gemäßigter und verhandlungsbereiter Akalipolitiker und legte somit selbst den Grundstein für den zähen und blutigen Konflikt, der den Bundesstaat Panjab mit Terror gezeichnet hat.

Auch durch die Medien war Bhindranwale bereits mehr und mehr ins Zentrum der öffentlichen Aufmerksamkeit gerückt.

Durch Reden und Aktionen hatte er ein Bild von sich geschaffen, das ihn als Verteidiger der Sikhgemeinschaft gegen eine ungerechte Zentralregierung und ihre Polizei darstellte. Doch selbst in dieser Zeit wurde er von Rajiv Gandhi noch als ‚religiöser Führer' bezeichnet, und man ging auch nicht gegen ihn vor, als er sich im Juli 1982 mit einer Schar bewaffneter Anhänger im Guru Nanak Niwas, dem Gästehaus des Goldenen Tempels in Amritsar, verschanzte. Dort baute er seinen Stützpunkt festungsartig aus.

Auf längere Sicht mußten Bhindranwales Ziele mit denen der Kongreßpartei jedoch unvereinbar sein: Bhindranwale wollte letztlich die allgemein verbindliche, orthodoxe Sikh-Identität über alle Spaltungsbestrebungen hinsichtlich der verschiedenen religiösen Praktiken und politischen Ziele hinweg durchsetzen. Die Absicht des Kongresses war es dagegen, politischen Vorteil aus den Brüchen, Rivalitäten und Spaltungen der Sikhgemeinschaft und der Akali Dal zu ziehen. Die vordergründige Kollaboration Bhindranwales mit dem Kongreß führte jedoch dazu, daß die Regierung zu dem Zeitpunkt, als die Interessendisharmonie schließlich zutage trat, bereits die Kontrolle über die Situation im Panjab verloren hatte.

Neben dem Kongreß, der aus eigenem Parteikalkül Bhindranwale weiterhin deckte, buhlte ab 1980 auch die Akali Dal um dessen Gunst: Die Akalis hatten sich während ihrer Koalitionszeit mit der Janata-Regierung ein säkulares Image verschafft. Denn in der Verbindung mit anderen nationalen Parteien konnte die Akali Dal nicht ihr Selbstbild als ausschließliche Interessenvertretung der Sikhs hervorkehren. Nach dem Zusammenbruch der Opposition und der Re-Etablierung des Kongresses als Regierungspartei wollte sie das säkulare Image wieder abwerfen. Eine Rückkehr zu traditioneller Sikhpolitik, deren Charakteristikum die Verquickung von Politik mit Religion ist, sollte den ‚säkularen Ausrutscher' schnell korrigieren. Zu diesem Kurswechsel war die Akali Dal aber auch deshalb gezwungen, weil die Zentralregierung in den 80er Jahren nicht bereit war, über gemäßigte und legitimerweise vorgebrachte Forderungen zu verhandeln oder die Beziehungen zwischen Zentrum und Bundesstaaten zu überdenken. Statt dessen protegierte sie Bhindranwale und zwang damit indirekt auch die Akali Dal auf einen extremeren Kurs. Bhindranwale war somit nicht nur ‚Hätschelkind' der Kongreßpartei, sondern auch der Akalis. Beide Parteien spielten dabei aber langfristig nur einer Seite in die Tasche: den Militanten, die sich so an der Spitze einer doppelt befestigten Machtstruktur sahen. Deutlichen Ausdruck fand die Kollaboration zwischen dem Akali Dal-Führer Longowal und dem Kriegerpriester Bhindranwale in einer groß angelegten, gemeinsam initiierten Protestkundgebung: Indira Gandhi hatte verkünden lassen, daß die Bauarbeiten für den bereits erwähnten Kanal aufgenommen werden sollen, der Wasser aus dem Fluß Sutlej im Panjab zum Fluß Jamuna in Haryana leiten soll: Ein Kanalprojekt also, das eine der Forderungen der Akalis – nämlich die nach mehr Wasser für den Panjab – in ihrem Nerv verletzte. Longowal organisierte daraufhin die *Nahar Roko*, eine Agitation, um den Kanalbau zu verhindern. Diese scheiterte jedoch, da ihr die Beimischung religiöser Aspekte fehlte, die zur Mobilisierung der Sikhmassen notwendig ist. Zudem waren die Akalis im betroffenen Gebiet des Panjab nicht stark genug. Ähnlichen Mißerfolg hatte Bhindranwale mit einer Bewegung, die die Freilassung des inhaftierten Amrik Singh, des damaligen Präsidenten der ‚All India Sikh Students Federation' (AISSF), erpressen sollte. Longowal gebar daraufhin die Idee, die beiden Bewegungen zu einem großen Kampf zu verknüpfen, und rief am 4. August 1982 den *Dharam Yudh* aus, den religiösen Krieg zur Durchsetzung der Anandpur Sahib Resolution. Bhindranwale erklärte seinen Kampf für die Freilassung Amrik Singhs zum Bestandteil dieser Akali-Agitation. Longowal war damit eine geniale Zweckverbrüderung gelungen, die dem *Dharam Yudh* einen vorher nicht geahnten Aufschwung gab und aus der Sicht der Akalis die Agitation zum großen Erfolg werden ließ. Die Kombination von Akali-Forderungen mit dem religiösen Fundamentalismus Bhindranwales war das geeignetste Mittel der Massenmobilisierung. Die Situation eskalierte, nachdem am 11. September 1982 bei einem Busunfall vierunddreißig Sikh-Demonstranten ums Leben gekommen waren. Bhindranwale und Longowal verkündeten, das Busunglück sei eine Inszenierung der Polizei gewesen; die Sikhs im Bus seien absichtlich getötet worden. Der Tradition gemäß wurden auch diese vierunddreißig Opfer zu Märtyrern erklärt. Das Busunglück hatte zwei weitreichende Folgen: Die Sikhdemonstranten wurden gewalttätig, setzten Busse in Brand, warfen Straßenlichter ein und verwüsteten ganze Straßenzüge. Und: Sie drangen nun bis nach Delhi vor. Tausende von Sikhs versuchten, das Parlamentsgebäude zu stürmen. Die Kämpfe zwischen Polizei und paramilitärischen Kräften auf der einen sowie militanten Demonstranten auf der anderen Seite hielten Stunden an und konnten nur unter Einsatz von Tränengas erstickt werden.

Alarmiert durch die Aussicht auf anhaltende Gewaltausschreitungen und Terror in der Hauptstadt lenkte Indira Gandhi zunächst ein. Sie ordnete die Freilassung aller Demonstranten an und lud die Führer der Akali Dal zu Verhandlungen über ihre Forderungen ein. Im letzten Augenblick ließ sie jedoch das ausgehandelte Abkommen scheitern. Es dauerte aber nicht lange, bis die Verhandlungen aufgrund erhöhten Drukkes seitens der Akali Dal wiederaufgenommen werden mußten. Am 6. November 1982 kündigte Longowal an, daß die Akali Dal während der bevorstehenden ‚Asiatischen Spiele' in Delhi demonstrieren werde. Die Sorge, daß es auf der Asiade bei Anwesenheit der internationalen Presse zu Demonstrationen und möglicherweise blutigen Auseinandersetzungen kommen könnte, versetzte Delhi in höchste Alarmbereitschaft. Die Hauptstadt wurde hermetisch abgeriegelt, um jeden Demonstranten abzufangen. Die meisten Straßen nach Delhi führen durch Haryana. Jeder Sikh, der sich mit Richtung Delhi auf den Weg machte, wurde von der Grenzpolizei Haryanas aufs Gründlichste durchsucht, darunter auch prominente Sikhs der Armee und der Indian Air Force, die sich im Krieg gegen Pakistan verdient gemacht hatten, selbst ein Sikh-Richter des Obersten Gerichtshofes. Insgesamt wurden 1.500 verdächtige Sikhs festgenommen. Diese verschärfte Kontrolle der Sikhs und die Behinderung bei der Teilnahme an den Asiatischen Spielen, dem bisher größten Sportereignis Indiens, wurde von der Zivilbevölkerung der Sikhs als Ausschlußverfahren empfunden, als krasse Diskriminierung ihrer Gemeinschaft durch die indische Regierung. Dabei hätte gerade die Asiade bei einer politisch entspannteren Situation eher die integrativen Kräfte verstärken können, wenn Inder der verschiedensten Religion und Herkunft „ihre", nämlich die indische, Nationalmannschaft anfeuern. Von einigen Hindus, mit denen ich diesen Punkt einmal diskutierte, wurde ich jedoch eines Besseren belehrt: Die Sikhs würden ohnehin z.B. bei Cricket-Spielen zwischen Pakistan und Indien jubeln, wenn die Pakistanis einen Sieg davontragen. Es mag sich bei dieser Aussage der Hindus um ein Gerücht oder eine grobe Verallgemeinerung handeln. Sie spiegelt jedoch, obwohl Hindus und Sikhs der Zivilbevölkerung in der Regel relativ friedlich zusammenleben können, eine Polarisierung in den Köpfen. Diese Polarisierung wurde durch die Extremisten im Laufe der 80er Jahre immer mehr zu einem wechselseitigen Feindbild ausgebaut.

‚Zuckerbrot und Peitsche' – diesem Muster folgend eröffnete Indira Gandhi nach der Asiade eine neue Verhandlungsrunde. Bevor die neuen Abmachungen jedoch offiziell unterzeichnet wurden, erfuhr Bhajan Lal, der Ministerpräsident Haryanas vom Ergebnis der Verhandlungen. Er überzeugte die Premierministerin, daß die zugunsten des Panjab ausgefallenen Abmachungen über die Wasserzuteilung und die Stadt Chandigarh katastrophale Folgen für die Kongreßpartei in seinem Bundesstaat nach sich ziehen würden. Bhajan Lal wurde zudem von seinem Amtskollegen aus Rajasthan unterstützt, einem Bundesstaat, der ebenfalls vom Streit um die Wasserzuteilung betroffen ist. Aus Furcht vor dem Stimmenverlust in diesen wichtigen, an Wählerstimmen reichen Bundesstaaten ließ Indira Gandhi die Akali Dal-Führer zum zweiten Mal in diesem Monat fallen. Sie ließ auch das neue Abkommen platzen. Dies bedeutete einen schweren Schlag für die Fraktion der Akali Dal unter Longowal, die sich innerhalb des internen Machtkampfes der Partei für Verhandlungen und gegen den harten Konfrontationskurs ausgesprochen hatte. Seit 1977 hatten die Führer der Akali Dal den gemäßigten Kurs bevorzugt, nicht zuletzt deshalb, um sich die Unterstützung einflußreicher Sikh-Industrieller zu bewahren. Diese nämlich sind in politischer, wirtschaftlicher und sozialer Hinsicht mit dem gesamtindischen Kontext vernetzt. Sie können es sich nicht leisten, ihr Gewicht in die Waagschale einer separatistischen Regionalbewegung zu werfen. Für Bhindranwale, der sich von Anfang an gegen die Verhandlungsbereitschaft der Gemäßigten ausgesprochen hatte, goß das erneute Scheitern des Abkommens jedoch Wasser auf seine Mühlen. Das Fehlschlagen der Verhandlungen führte so zum Bruch der zeitweiligen Allianz zwischen Longowal und Bhindranwale, was letztlich in der Isolation Longowals mündete. Die Hoffnung auf eine friedliche Lösung des Konfliktes durch einen Kompromiß mit den Gemäßigten wurde immer schwächer. Die diskriminierende Behandlung, welche die Sikhs während der Asiade erfahren hatten, und das Gefühl, von der Regierung in Delhi mit Verhandlungen nur hingehalten zu werden, trieb viele der vorher unentschlossenen Sikhs endgültig in die Arme der Extremisten.

Im Dezember 1982 folgten circa 170 Offiziere a.D. und zahlreiche ehemalige Soldaten der indischen Armee dem Aufruf Bhindranwales, in den Goldenen Tempel zu kommen. Journalisten schätzten die Zahl auf 5.000. Einige fungierten in der Folgezeit als militärische Berater Bhindranwales und waren an der festungsartigen Ausstattung des Tempels beteiligt. Dies versetzte die Regierung wiederum in Alarmbereitschaft, da viele Soldaten in den indischen Streitkräften Söhne der nun zu Bhindranwale übergelaufenen Ex-Offiziere waren. Am 24. Januar 1983 wurden die Verhandlungen mit der Akali Dal daher wiederaufgenommen. Im Februar 1983 gab Indira Gandhi im Bangla Sahib, dem bedeutendsten Gurdwara New Delhis, das Ergebnis der Verhandlungen bekannt: Sie hatte alle religiösen Forderungen der Akali Dal akzeptiert. Amritsar wurde zur heiligen Statdt erklärt, die Sikhs erhielten ihre tägliche Rundfunkübertragung aus dem Goldenen Tempel. Dennoch halfen diese Zugeständnisse nicht, Longowals Position gegenüber Bhindranwale aufzuwerten. Die Situation im Panjab wurde in der Folgezeit allein durch Bhindranwale und seine Leute geprägt. Die Regierung hatte sich durch ihr Vorgehen in eine Lage hineinmanövriert, in der letztlich nur noch zwei Optionen blieben: Entweder auf Bhindranwales extreme Forderungen einzugehen – was de facto nicht möglich gewesen wäre, ohne den indischen Staat in seinen verfassungsrechtlichen Grundfesten zu erschüttern – oder mit Waffengewalt Bhindranwales Festung, den Goldenen Tempel, einzunehmen. Die Möglichkeit, auf Verhandlungsbasis und durch Kompromisse mit den Gemäßigten dem Extremismus zu begegnen, war zu diesem Zeitpunkt bereits weitgehend untergraben.

In der Folgezeit stiegen die Terroraktionen der Sikh-Extremisten sprunghaft an. Bhindranwale schickte Motorradkommandos in die Dörfer, die wahllos auf Hindu-Passanten schossen. Busse wurden überfallen, die Hindu-Passagiere herausgezogen und erschossen, Häuser und Hindu-Tempel wurden angezündet und Züge zum Entgleisen gebracht. Eine weitere Methode Bhindranwales, den Haß zwischen den beiden Religionsgemeinschaften zu schüren, bestand darin, Körperteile von Kühen, die den Hindus ja bekanntlich heilig sind, in deren Tempel werfen zu lassen. Ziel der Sikh-Extremisten war es, die Hindus so einzuschüchtern, daß ein genereller Exodus ihrer Religionsgemeinschaft aus dem Panjab einsetzen würde. Gleichzeitig hoffte Bhindranwale auf eine Rückkehr der Sikhs aus anderen indischen Bundesstaaten in den Panjab, wenn diese sich dort nicht mehr vor Racheaktionen der Hindus sicher fühlen würden. Diese Methode der ‚ethnischen Säuberung' sollte über kurz oder lang einen reinen Sikh-Staat schaffen. Die extremistischen Sikhs verfuhren jedoch mit ihren eigenen Glaubensbrüdern – falls diese wagten, ihr Verhalten zu verurteilen – ebenso brutal wie mit den Hindus. Die Zivilbevölkerung war daher eingeschüchtert und wagte kaum, die Polizei mit Informationen über den Unterschlupf der Terroristen zu versorgen und generell die Terrorbekämpfung zu unterstützen.

Oppositionspolitiker und Presse verlangten, daß die Polizei in den Tempelkomplex eindringen und Bhindranwale samt seinen Gefolgsleuten verhaften solle. Auch wurde die Regierung mehrfach darauf hingewiesen, daß der *Guru Nanak Niwas*, das Gästehaus, in dem Bhindranwale zu jener Zeit noch sein Hauptquartier aufgeschlagen hatte, nicht zu den heiligen Bezirken des Tempelkomplexes zähle. Die Polizei oder Einheiten der Armee hätten also dort einmarschieren können, ohne dadurch ein Tabu zu verletzen oder das Heiligtum der Sikhs zu beschädigen. Immer neue Terrornachrichten verbreiteten Panik im Land: Junge Sikhs schossen nahe der Industriestadt Ludhiana willkürlich auf eine Gruppe von Hindus. Eine Woche später hielten Sikhs auf der Strecke Amritsar–Delhi einen Bus an, trennten die Hindu-Passagiere aus der Reisegruppe heraus und schossen auf sie. Sechs Hindus kamen dabei ums Leben, ein weiterer wurde schwer verletzt.

Von großen Teilen der Sikh-Jugend wurde Bhindranwale als Held verehrt, während Longowals Ansehen weiter sank. Longowal wohnte zu dieser Zeit ebenfalls auf dem weitläufigen Tempelgelände, was die Spannungen zwischen dem gemäßigten Politiker und dem extremistischen Anführer noch erhöhte. In der Umgebung des Tempels waren des öfteren Schüsse zu hören: Ehemalige Soldaten bildeten junge Sikhs an den Waffen aus. Auch wurde der Regierung bekannt, daß Sikhs ein Trainingslager in Kaschmir unterhielten. Vom dortigen Ministerpräsidenten wurde dies allerdings mit der Ausrede, es handle sich um ein rein religiöses Zentrum, abgestritten. Bhindranwale konzentrierte sich in der Folgezeit darauf, den Haß unter den Sikhs durch Anti-Hindu-Parolen, Reden und Lieder zu schüren. Aussagen von Politikern und Journalisten, die sich bemühten, die Gemeinsamkeiten zwischen Hindus und Sikhs darzustellen, wurden von Bhindranwale als Beweis dafür genommen, daß die Sikh-Identität durch den Hinduismus, der ihm seine Eigenständigkeit abstreite, bedroht sei.

Die Eskalation des Terrors zwang die Premierministerin letztlich zum Handeln. Sie suspendierte den Panjabminister Darbara Singh und stellte den Panjab unter *President's Rule*, die direkte Kontrolle durch die Zentralregierung in New Delhi. Mit der Ausrufung der *President's Rule* wurden paramilitärische Truppen zur Unterstützung der lokalen Polizei nach

Amritsar geschickt. Diese waren mit einer weitgehenden Handlungsfreiheit ausgestattet. Bhindranwale ließ sich jedoch durch den verstärkten Druck nicht einschüchtern. Die terroristischen Aktionen hielten unvermindert an: So wurde der Expreßzug, der Kalkutta mit Kaschmir verbindet, bei seinem Transit durch den Panjab zum Entgleisen gebracht. 19 Menschen wurden getötet und 129 verletzt. Auch Überfälle auf Busse und Ermordungen von Hindu-Reisenden kamen weiterhin vor.

Ein Grund für die Ineffizienz der Direktregierung durch Delhi war die Demoralisierung der lokalen Polizei, die durch Bhindranwales Anhänger eingeschüchtert worden war oder sich teilweise sogar auf dessen Seite geschlagen hatte. Ein weiterer Grund ist darin zu sehen, daß die aus allen Landesteilen Indiens zusammengesetzten paramilitärischen Streitkräfte durch ihre Unkenntnis der lokalen Bedingungen und Verhältnisse von der Panjab-Polizei abhängig waren. Die Ineffektivität der Direktregierung ließ sich auf Dauer nicht verbergen, und so wurden im Parlament immer mehr Stimmen laut, die Bhindranwales Verhaftung forderten. Bhindranwale befürchtete, daß die Regierung diesem politischen Druck nicht mehr lange standhalten könne und demnächst in das Gästehaus eindringen würde. Mit der Unterstützung Gurcharan Singh Tohras, des damaligen Präsidenten des *Shiromani Gurdwara Prabhandak Committee* (SGPC), gelang es ihm, sein Quartier gegen den Willen der Hohepriester des Goldenen Tempels in den *Akal Takht*, einen der bedeutendsten heiligen Schreine der Tempelanlage, zu verlegen. Die Hohepriester betonten, daß der Umzug Bhindranwales in den *Akal Takht* einem Sakrileg gleichkomme. Bhindranwale setzte sich jedoch gegen diese theologischen Feinheiten durch.

3. Sikh-Terror und Gegenterror

Die Gewaltaktionen Bhindranwales dehnten sich nun auf den gesamten Panjab aus; im Februar 1984 wurde fast täglich von neuen Vorfällen berichtet, darunter Banküberfälle, ein Bombenangriff auf die Fernsehstation in Jallandar und Angriffe auf Regierungseinrichtungen, Ausschreitungen gegen Polizisten und immer neue Morde an Hindus. Auch wurde bekannt, daß Bhindranwale immer mehr Waffen in den Goldenen Tempel schaffen ließ.

Am 2. Juni gestand Indira Gandhi in einer Fernsehansprache ein, daß das Vertrauen Indiens in die Handlungsfähigkeit der Regierung erschüttert sei. Zwar beendete sie ihre Ansprache mit dem Appell, weiteres Blutvergießen zu vermeiden, aber zu diesem Zeitpunkt hatte sie bereits den Entschluß gefaßt, dem Terror im Panjab mit der Erstürmung des Goldenen Tempels ein Ende zu setzen – ein Weg, der ein großes Blutvergießen miteinkalkulieren mußte. Im Anschluß an Indira Gandhis Fernsehansprache wurde bekanntgegeben, daß die Armee in den Panjab geschickt worden sei. Die Verantwortung für die Sicherheit im Panjab lag nun in den Händen von Soldaten. Wegen der geschätzten Anzahl an Waffen und Terroristen, die sich im Tempel verschanzt hatten, war nicht die Polizei, sondern die indische Armee mit der Stürmung des Tempels beauftragt worden.

Ein grotesker Zug der Geschichte ist, daß *Operation Bluestar* – wie die militärische Operation genannt wurde – zeitlich ausgerechnet mit den Feierlichkeiten anläßlich des Gedenktages des Martyriums Guru Arjun Devs zusammenfiel. Deshalb befand sich bereits eine besonders große Zahl von Pilgern auf dem Tempelgelände. Die Verletzung und Tötung unbeteiligter Sikhs, die nur zum Gebet oder zu einem Bad im Tempelbekken gekommen waren, war daher vorauszusehen. Trotzdem wurde die Entscheidung, die Militäraktion an diesem Feiertag der Sikhs durchzuführen, aufrechterhalten. Die offizielle Legitimation dafür lautete, daß die Regierung von geplanten, groß angelegten Massenaktionen gegen Hindus erfahren habe, die Bhindranwale auf den 5. Juni angesetzt habe. Ihnen sollte die *Operation Bluestar* zuvorkommen.

Über Amritsar wurde eine Ausgangssperre und eine totale Nachrichtensperre verhängt. Ausländer wurden aus dem Panjab gewiesen, ebenso die indischen Korrespondenten ausländi-

Abb. 6: Militante Sikhs im Goldenen Tempel von Amritsar, als die indische Armee einrückte, um den Aufstand zu unterdrükken (3. Juni 1984). (Foto Südd. Verlag)

scher Medien. Sämtliche Verkehrsverbindungen wurden abgeschnitten, die Grenze nach Pakistan geschlossen. In der Nacht vom 3. auf den 4. Juni eröffnete die Armee das Feuer, das von den Extremisten mit Vehemenz erwidert wurde. Obwohl Bhindranwale wissen mußte, daß er in einer militärischen Aktion gegen die indische Armee langfristig unterliegen würde, beschloß er, den Kampf bis zum Ende auszufechten und sich auf diesem Wege als Märtyrer in das Bewußtsein der Sikhs einzuschreiben.

An den Fronten des Tempelsturmes standen sich Sikhs auf beiden Seiten gegenüber: Mehrere zu den Extremisten übergelaufene Ex-Generalmajore der indischen Armee hatten zu der militärisch-strategischen Ausstattung und Befestigung des Tempels viel beigetragen. Auf der anderen Seite wurden die Truppen, die den Tempel stürmten, ebenfalls von Sikhs befehligt. Generalmajor Kuldip Singh Brar, der Kommandeur der 9. Division, und General Ranjit Singh, der Oberbefehlshaber der

Indischen Streitkräfte West, stammten aus dem gleichen Gebiet und der gleichen Kaste wie Bhindranwale.

Am Abend des 5. Juni begann der Sturm auf den Goldenen Tempel. Am Abend des 6. Juni lieferten sich die Truppen mit den Sikh-Rebellen erbittertste Kämpfe, die zutage brachten, daß diese armeeartig geschult waren. Die Armee hatte von der Regierung die Anweisung erhalten, den Goldenen Tempel, wenn möglich, unbeschadet zu lassen und dem *Akal Takht* so wenig Schaden wie möglich zuzufügen. Gewalt sollte auf das Notwendigste beschränkt bleiben und Verluste auf beiden Seiten so klein wie möglich gehalten werden. Erst während der militärischen Auseinandersetzungen selbst stellte sich jedoch heraus, daß hier ein Kampf in ganz anderem Maßstab stattfinden mußte, mit dem Armee und Regierung nicht gerechnet hatten. Die Terroristen hatten den *Akal Takht* in eine Befestigungsanlage verwandelt und verfügten über einen erstaunlichen Vorrat an Waffen und Munition. Umliegende Gebäude waren zu Aussichtsposten und Schießscharten umfunktioniert worden, so daß sie eine gute Übersicht über das gesamte Tempelgelände hatten und mehrere Angriffe und Stürmungsversuche der Armee zurückschlagen konnten. Die Armee mußte daher im wahrsten Sinne des Wortes ‚schwerere Geschütze' auffahren, um die Verteidigung der Sikh-Terroristen zu brechen. Dies gelang ihr schließlich in der Nacht des 6. Juni unter Einsatz von automatischen Waffen, gepanzerten Mannschaftswagen und Panzern. Der ursprüngliche Vorsatz, die Tempelanlage weitgehend zu schonen, konnte mit dieser neuen Kampfmethode nicht eingehalten werden: Die Stirnseite des *Akal Takht* wurde fast vollständig zerstört. In verschiedenen Räumen der Tempelanlage brach Feuer aus. Marmorintarsien, Spiegelverzierungen und Filigranarbeiten, die in die Zeit Ranjit Singhs zurückdatieren, gingen zu Bruch.

Die starke Beschädigung des *Akal Takht* wurde bei den Reaktionen auf *Operation Bluestar* von den Sikhs als größte Demütigung empfunden, welche die Kluft zwischen den beiden Religionsgemeinschaften vertiefte. Indira Gandhi veranlaßte sofort die Reparatur des Heiligtums auf Staatskosten, doch

Abb. 7: Zerstörungen am Goldenen Tempel von Amritsar nach dem Angriff der indischen Armee am 6. Juni 1984. (Foto Südd. Verlag)

gläubigen Sikhs galt der Neubau als unwürdig, weil das Geld dafür aus Delhi kam und weil Hindu-Handwerker beim Wiederaufbau Hand angelegt hatten. Es kam daher in der Folgezeit zum erneuten Abbruch und Wiederaufbau des *Akal Takht* durch Sikhs. Ein weiterer die Sikhs tief verletzender Vorfall war der Brand in der Bibliothek des Goldenen Tempels, die neben anderen unschätzbar wertvollen Manuskripten auch noch einige Handschriften der Gurus enthielt.

Die Professorin Madanjit Kaur leitet die Abteilung für Guru Nanak-Studien an der Universität von Amritsar. Sie ist durch den Verlust der wertvollen Archive auch in ihrer akademischen Arbeit schwer beeinträchtigt. Im Interview bezeichnete sie den Brand der Bibliothek als einmaligen und unglaublichen Akt einer gezielten kulturellen Zerstörung. Er könne eine Parallele höchstens in der chinesischen Kulturrevolution finden, als die klassischen Zentren der alten chinesischen Kultur zerstört wurden. Auch wenn man diesen Vergleich als übertrieben empfinden mag, so ist doch wichtig, wie *Operation Bluestar* von vielen Sikhs und auch in akademischen Kreisen empfunden und interpretiert wurde. Die meisten Sikhs glauben, daß der Brand absichtlich ausgelöst wurde, um einen wichtigen Bestandteil ihres Kulturgutes zu vernichten. Laut Regierungserklärung fing die Bibliothek versehentlich Feuer, als die Armee in den Tempelkomplex eindrang. Der Akali Dal-Führer Longowal war einer der ersten, die kapitulierten, als die Armee das Tempelgelände eingenommen hatte. Bhindranwale wurde im Inneren der Anlage tot aufgefunden. Die Zahlen der Opfer und Verletzten divergieren in den verschiedenen Darstellungen. In einer ersten offiziellen Stellungnahme sprachen die Oberbefehlshaber der *Operation Bluestar* von 250 erschossenen, 50 verwundeten und 450 gefangengenommenen Terroristen. Die eigenen Verluste bezifferten sie auf 60 Tote und 100 Verwundete. Das ‚White Paper', die offizielle Regierungsdarstellung der *Operation Bluestar*, spricht von 83 Toten und 249 Verletzten auf Seiten der Armee. Da man von etwa tausend aktiv am Tempelsturm beteiligten Soldaten ausgehen kann, bedeutet dies, daß die Armee mehr als ein Drittel Verwundete beziehungsweise Tote hinnehmen mußte. Die Zahl der getöteten Sikh-Terroristen beziffert das ‚White Paper' auf 493, der verletzten auf 86. Bei diesen Verlusten handelte es sich jedoch keineswegs nur um Militante, sondern auch um eine große Zahl von Zivilisten, die sich während der Stürmung auf dem Tempelgelände befanden.

In offiziellen Stellungnahmen betonte Indira Gandhi, daß es sich bei *Operation Bluestar* um eine gezielte Aktion gegen den Terror im Panjab gehandelt habe, nicht etwa um einen militärischen Schlag gegen die Sikhs als Religionsgemeinschaft. Um die Einheit der Nation zu wahren, auch um die Sikhs zu schützen, die in Opposition zu den Extremisten stünden, sei der

Einsatz der Armee als letzte Möglichkeit der Terrorbekämpfung herangezogen worden. Die überwiegende Mehrheit der Sikhs wertet die Erstürmung ihres Heiligtums jedoch entgegen aller Beteuerungen bis heute als gezielte Aktion gegen ihre Gemeinschaft. Insgesamt gesehen wirkte *Operation Bluestar* als eine Verletzung der kollektiven Sikh-Psyche. Die Sikhs werden nie vergessen, daß die Regierung es wagte, Panzer in ihr höchstes Heiligtum zu schicken, die auf dem Marmorboden ihre häßlichen Spuren hinterließen, den *Akal Takht* zu zerstören und die Bibliothek mit den Originalschriften ihrer Gurus in Brand zu setzen. Das Argument, daß die Sikh-Terroristen die Erstürmung des Goldenen Tempels provozierten, indem sie ihn zu einer Befestigungsanlage ausbauten, zählt unter den Sikhs der Zivilbevölkerung wenig. Für sie bleibt die Tatsache bestehen, daß die indische Armee ihrem Heiligtum größten Schaden zufügte. Was auch immer an Argumenten für die Aktion vorgebracht werden könnte, so werden diese nie ausreichen, um einem gläubigen Sikh diese Ungeheuerlichkeit verständlich zu machen.

Von der Opposition wurde Indira Gandhi scharf angegriffen und beschuldigt, durch ihr Zögern Bhindranwale drei lange Jahre Zeit gegeben zu haben, um Waffen zu sammeln und Terroreinheiten auszubilden. Ein weiterer Kritikpunkt bezieht sich auf das lange Verbleiben der Armee im Panjab auch nach Beendigung der Aktion: Die Armee sei dafür da, das ganze Land gegen ausländische Angriffe zu verteidigen; nach innen müsse sie jedoch vom gesamten Volk getragen werden. Wenn daher ihr Einsatz im Notfall gegen eigene Landsleute befohlen werde, so müsse dieser so schnell wie möglich wieder beendet werden. Die Zahl der Opfer zeigt, daß der Sturm auf den Goldenen Tempel nicht gut vorbereitet war. Dieser Kritikpunkt wird durch die Aussagen einiger Generäle und Offiziere bestätigt, die ihre Fehleinschätzung der Situation zugaben: „Unser größtes Problem war, daß wir die Anlage nicht kannten. Wir hatten eine generelle Vorstellung vom Inneren des Tempelkomplexes, aber wir rechneten nicht mit der Myriade von Nischen, Räumen, Geschossen und Vorsprüngen. Auf uns wurde aus allen Ecken und Winkeln geschossen.«[35]

Kritik wurde Indira Gandhi auch in den Medien zuteil. Die Presse forderte sie zur Wiedergutmachung auf. Beispielsweise entwarf die überregionale Tageszeitung *Indian Express* eine Liste mit praktischen Vorschlägen, was die Premierministerin tun könnte, um die verletzte Sikh-Psyche wiederaufzubauen: Unter anderem solle sie den sofortigen Rückzug der Armee aus dem Panjab anordnen, die Verantwortung für den Wiederaufbau des *Akal Takht* in die Hände des SGPC zurücklegen, die Akali Dal-Führer freilassen und über Rundfunk und Fernsehen zu den Sikhs sprechen. Indira Gandhi setzte jedoch keinen der gemachten Vorschläge in die Tat um. Vielmehr pries sie in den Medien die Verdienste der Armee und der paramilitärischen Streitkräfte. Der regierungstreue Fernsehsender *Doordarshan* strahlte eine Sendereihe aus, die die Militäraktion durch Schuldzuweisungen an die Sikhs rechtfertigte und Generalmajor Brar in Erobererpose vor dem Goldenen Tempel zeigte. In der Folgezeit wurde also noch Salz statt Balsam in die Wunde der Sikhs gerieben.

Operation Bluestar, die Erstürmung des Goldenen Tempels durch die indische Armee, ist von der internationalen Presse gut dokumentiert. Die Nachricht von Bhindranwales Tod, der bei dieser militärischen Aktion erschossen wurde, ging um die Welt. Ein Pressefoto zeigt seinen Leichnam. Im *Damdami Taksal* lebt er jedoch noch immer – und das laut Mohkam Singh, dem Sprecher des Taksal und früheren rechten Hand Bhindranwales, nicht nur im Andenken seiner Gefolgsleute: „Unsere Regierung behauptet, daß Sant Jarnail Singhji tot ist. Aber er ist nicht tot. Er lebt immer noch, und zwar im Untergrund." Ungefähr zwanzig Sikhs zwischen zehn und vierzig Jahren sitzen während des Interviews um uns herum. Sie glauben, daß Bhindranwale, den sie seit neun Jahren nicht gesehen haben können, lebt und aus dem Untergrund die Anweisungen für den bewaffneten Kampf gibt. Erwiesene Tatsachen lassen keinen Zweifel daran, daß Bhindranwale tot und damit für den Kampf der extremistischen Sikhs außer Gefecht gesetzt ist. Doch gerade in einer Religion, die stark vom Märtyrertum inspiriert ist, gibt er genügend Stoff zur Legendenbildung. Wie um Baba Deep Singh, den Gründer des *Damdami Taksal*, ranken sich auch um Bhindranwale Mythen und Legenden. So geht zum Beispiel die Sage, man habe ihn mit einem Falken gesehen, dem Lieblingsvogel des zehnten Guru, Gobind Singh. Der Mythos Bhindranwale markiert analog zu der Märtyrerlegende Baba Deep Singhs einen Schnittpunkt, an dem sich Sikhgeschichte, politischer Terror und heroische Legende treffen. Im säkularen Indien seit der Unabhängigkeit ist das *Damdami Taksal* eine Organisation, die die Sikh-Orthodoxie verkörpert und die für die Kontinuität der Legendenbildung im Sikhglauben sorgt. Die Verbreitung der Legende, daß Bhindranwale noch lebe und vom Untergrund aus die terroristischen Aktionen für die Durchsetzung *Khalistan*s koordiniere, ist dabei eine sicherlich sehr wirkungsvolle Strategie: Nach dem Tod Bhindranwales und der meisten seiner prominenten Mitstreiter während *Operation Bluestar* sind auf Seiten der Terroristen keine Führerpersönlichkeiten mit annäherndem Charisma nachgefolgt, die einen ähnlichen Einfluß auf die politische Szenerie des Panjab hätten ausüben können. Sicherlich diente die Vorstellung einer im Untergrund lebenden Integrationsfigur von der Popularität eines Bhindranwale der Rekrutierung junger Sikh-Terroristen. Für manche von ihnen war ein Einstieg in die terroristische Bewegung unter Umständen attraktiver, wenn sie glauben konnten, der Truppe des von ihnen als Helden verehrten Bhindranwale anzugehören. Befehle und Maßnahmen konnten so einem vermeintlich im Untergrund lebenden ‚Helden des sikhistischen Befreiungskampfes' zugeschrieben werden und erhalten dadurch eine größere Legitimationsbasis. Insgesamt konnten terroristische Ausschreitungen und Aktionen besser koordiniert werden. Die ansonsten in verschiedene Terrortruppen aufgespaltene Bewegung erhielt sich durch die Legende eines im Untergrund lebenden Bhindranwale einen wichtigen Integrationsfaktor.

Nach Mohkam Singh ist es Ziel des *Damdami Taksal*, das Prinzip des *Miri und Piri* zu lehren. In der Interpretation der orthodoxen Sikh-Institution steht dieses Prinzip für die Verbindung von Spiritualität mit politischer Macht: *Miri* verkörpere sich in den Lehren Guru Nanaks; man unterrichte den Granth Sahib, um wahre Sikhs heranzubilden. *Piri* hingegen habe mit Waffen und Munition zu tun. Auf meine Frage, ob das *Damdami Taksal* somit auch eine Art Trainingslager sei, in dem Sikhs eine Waffenschulung erhalten, antwortete Mohkam Singh ausweichend – aber doch für die ideologische Einschätzung dieser Institution bezeichnend – , daß ein Sikh, wenn er auf die Welt komme, bereits ein Waffenexperte sei: „Wenn ein Sikh geboren wird, ist er bereits sowohl ein Waffenexperte wie auch ein Experte des Sikhglaubens. Bei der Taufe erhält ein Sikh den *Amrit* (Nektar), der nur mit Schwertern zubereitet werden darf. Es ist gar nicht nötig, einen Sikh an Waffen auszubilden, denn er beherrscht das von Geburt an. Wenn ein echter Sikh auf die Welt kommt, kennt er das bereits alles." In dieser Antwort finden sich typische Elemente des sikhistischen Selbstbildes, wobei hier die immer wieder betonte martialische Grundhaltung dem Sikh bereits in die Wiege gelegt wird. Auch wenn laut Aussage Mohkam Singhs ein Sikh von Geburt an ein Waffenexperte sei, so deutet vieles darauf hin, daß diese ‚Begabung' im *Damdami Taksal* zumindest geschult wird. Von der gesamten Anlage des *Damdami Taksal* geht die eigentümliche Atmosphäre einer Art Kloster-Kaserne aus, in der nicht nur die Begleitung der Hymnen Guru Nanaks auf dem Harmonium geübt wird, sondern in dem ebenso junge Terroristen an der Waffe ausgebildet werden und Unterschlupf finden. Hartnäckige Fragen in dieser Richtung wurden schließlich von Mohkam Singh abgeschnitten: „Was immer wir hier auch machen, wir arbeiten unter Anweisung von Sant Jarnail Singh Bhindranwale. Mehr möchte ich dazu nicht sagen." Zum Abschluß meines Besuches finden sich einige der im *Damdami Taksal* lebenden Sikhs vor dem wehrhaften Eingangstor zum Gruppenfoto ein. Ob ihnen die Militanz bereits in die Wiege gelegt war oder ob sie erst in der Kloster-Kaserne des *Damdami Taksal* damit in Berührung kamen, ist schlecht auszumachen. Daß sie jedoch im Namen Bhindranwales zu manchem fähig und auch bereit sind, steht außer Diskussion.

Im Anschluß an *Operation Bluestar* wurde die militärische Folgeaktion *Operation Woodrose* angeordnet: Soldaten kämmten die Dörfer in den nördlichen Provinzen des Panjab nach Terroristen durch und unterzogen die gesamte Sikhbevölkerung dieser Gebiete härtester Durchsuchungsmaßnahmen. Besonders scharfe Kontrollen wurden unter Jugendlichen zwischen sechzehn und zwanzig Jahren durchgeführt. Viele Sikhs hatten das Gefühl, allein durch ihre Religionszugehörigkeit als Terroristen abgestempelt zu sein. Die brutale Militäraktion der Regierung trieb manche Sikhs erst recht in das Lager der Terroristen.

Drei junge Militante erläuterten mir ihre Beweggründe, warum sie sich der Terrorbewegung angeschlossen hatten. Zum Interviewtermin hatte mein Vermittler, der mit der Terrorbewegung sympathisiert, die Männer an einen vereinbarten Ort einbestellt. Aus ihrem Unterschlupf in den umliegenden Feldern kamen sie an den verabredeten Treffpunkt. Die drei Sikhs, zwischen fünfundzwanzig und fünfunddreißig Jahre alt, geben als Gründe, warum sie der militanten Bewegung beigetreten seien, zwei Schlüsselereignisse an: Sie verweisen auf das Jahr 1978, in dem zwölf Sikhs von Anhängern der ketzerischen Nirankari-Sekte erschossen wurden, und auf das Jahr 1984, das Jahr der Tempelerstürmung *Operation Bluestar*. Beide Vorfälle seien Beweise dafür, daß die Sikhgemeinschaft bedroht sei; ihre Kultur, ihre Sprache und ihre Tradition müßten verteidigt werden. Nach *Operation Bluestar* haben die drei jungen Männer nach eigener Aussage beschlossen, die Terroristen nun aktiv zu unterstützen, um der Regierung ‚eine Lektion zu erteilen'. Freimütig und nicht ohne Stolz berichten sie von den verschiedenen Aufgaben, die sie übernehmen. Da sie noch nicht auf der Liste der gesuchten Terroristen des harten Kerns verzeichnet seien und sich daher noch etwas freier im Panjab bewegen könnten, würden sie häufig für Botengänge zwischen den Terroristen untereinander und zwischen den Terroristen und ihrem jeweiligen Dorf beziehungsweise ihrer Familie eingesetzt. Ihre Hauptaufgabe bestehe darin, die Terroristen mit Informationen darüber zu versorgen, wo und in welchem Umfang Angehörige der paramilitärischen Truppen, der Grenzschutzpolizei und der Landespolizei stationiert seien, damit Anschläge besser geplant und koordiniert werden könnten. Nachts würden sie von Zeit zu Zeit geschmuggelte Waffen an der pakistanischen Grenze entgegennehmen und diese von einem Ort zum anderen transportieren, wo sie eben gerade gebraucht würden. Auch würden sie Informationen zutragen, wer in welchem Dorf gegen die Terrorbewegung eingestellt sei und als Polizeispitzel Angaben über den Aufenthaltsort und die Verbindungsleute der Terroristen weitergebe. Die von ihnen bezeichneten Polizeispitzel würden dann erschossen, egal ob es sich um Hindus oder Sikhs handle. Einige Polizisten des Panjab würden insgeheim die Bewegung für *Khalistan* unterstützen. Es gebe Verbindungen zu diesen Leuten, so daß die Terrorszene auch aus Polizeikreisen Informationen erhalte, wer sich der Polizei als Spitzel angebiedert habe oder wann die Durchsuchung eines Dorfes geplant sei. Auf meine Frage, welche Terrorvereinigungen im Moment aktiv seien und wie diese koordiniert würden, zeichnen die drei Militanten folgendes Bild: Es seien insgesamt acht Organisationen am direkten Kampf für *Khalistan* beteiligt, wovon fünf unter dem Kommando von Dr. Sohan Singh stünden, der seine Direktiven von Pakistan aus gebe. Diese fünf Gruppen seien die Khalistan Liberation Force, die Khalistan Commando Force (Sangar Group), die Babbar Khalsa International, die *All India Sikh Students Federation* (Daljit Group) und die Bhindranwale Tiger Force. Die fünf Truppen werden unter dem Namen *Panthisches Komitee* zusammengefaßt. Die anderen drei Organisationen, nämlich die Khalistan Armed Force, das Dajmesh Regiment und die *All India Sikh Students Federation* (Barnala Group) stünden unter dem Kommando ihres Führers Manochahal, der ebenfalls in Pakistan lebe. Alle diese Gruppen würden jedoch trotz ihrer Unterschiede miteinander kooperieren und ein gemeinsames Ziel teilen – die Schaffung eines separaten Sikh-Staates *Khalistan*. Eine Spezialisierung innerhalb der

Abb. 8: Indiens Staatspräsident Zail Singh (links) an der Bahre der am 31. Oktober 1984 ermordeten Ministerpräsidentin Indira Gandhi. (Foto Südd. Verlag)

Gruppen auf bestimmte Aufgaben gebe es nicht; jede Gruppe erfülle den Auftrag, der von ihrem Führer erteilt werde. Mit dem täglichen Risiko, bei der ein oder anderen Aktion geschnappt zu werden oder ums Leben zu kommen, könne man als Sikh, so die drei jungen Militanten, leben: Für das politische Ziel der Gemeinschaft zu sterben sei schließlich eine heilige Sache: „Wenn einer stirbt, heißt das *shaheed*, Martyrium."

Nach Operation Bluestar war Indira Gandhi das Hauptziel der neuen Terrorwelle, und im Ausland lebende Sikhs erklärten sie offen zum ‚Feind Nr. 1'. Am 30. Oktober 1984 kehrte die Premierministerin von ihrem Wahlkampf nach New Delhi zurück; am 31. Oktober wurde sie auf dem Weg zu einem Fernsehinterview mit dem Schauspieler Peter Ustinov von ihren eigenen Sicherheitsbeamten, dem Sikh-Unterinspektor Beant Singh und dem Sikh-Wachtmeister Satwant Singh, erschossen.[36] Beant Singh starb im Schußwechsel mit anderen Leibwächtern; Satwant Singh wurde schwer verletzt festgenommen. Am 3. August 1988 wurde vom Obersten Gerichtshof in

Delhi das Urteil über Satwant Singh und zwei seiner Mitverschwörer gesprochen, ein Urteil, das die *Times of India* als den vielleicht historisch bedeutendsten Richterspruch seit der Verurteilung des Attentäters auf Mahatma Gandhi bezeichnet hat. Satwant Singh und Kehar Singh, der an der Planung des Attentates beteiligt war, wurden zur Todesstrafe verurteilt; Balbir Singh, ein vermeintlicher Mitwisser, wurde wegen mangelnder Beweise freigesprochen. Noch am gleichen Tag der Ermordung Indira Gandhis trat ihr Sohn Rajiv Gandhi die Nachfolge an. Der inzwischen zum Staatspräsidenten avancierte Zail Singh vereidigte ihn als neuen Ministerpräsidenten.

Nach der Ermordung Indira Gandhis brach eine neue Welle von Gewalttätigkeit aus, diesmal von Seiten der Hindus, die sich anscheinend an der ganzen Religionsgemeinschaft der Sikhs für die Tat der beiden Leibwächter rächen wollten. Sikh-Familien wurden überfallen, ihre Geschäfte, Häuser und Tempel niedergebrannt. Betroffen waren vor allem ärmere Schichten der Sikhbevölkerung, z.B. Teppichweber, Rikshaw-Fahrer, Fernsehmechaniker, Elektriker, Verkäufer und Arbeiter. Die Presse sprach von Pogromen. An den drei folgenden Tagen gab es über 2500 Tote, fast 400 Gurdwaras wurden demoliert und circa 33.000 Menschen verhaftet. Die Menschenrechtsorganisationen *People's Union for Democratic Rights* und *People's Union for Civil Liberties*, beide mit Sitz in New Delhi, haben die Begleitumstände der Angriffe und Morde an Sikhs in Delhi und Umgebung untersucht. Sie kommen zu dem Schluß, daß die Massaker an den Sikhs nicht Ausdruck spontaner Wut und Trauer über den Mord an Indira Gandhi waren, sondern „das Resultat eines gut organisierten Planes, gekennzeichnet durch wohlüberlegte Unterlassungen und Verbrechen, begangen von wichtigen Politikern des Kongresses (I) und von Autoritäten der Administration."[37]

Die Untersuchung ergab, daß der Auswahl der Opfer eine Strategie zugrunde lag, derzufolge fast ausschließlich männliche Sikhs der Altersgruppe zwischen zwanzig und fünfzig Jahren ermordet wurden. In einer ersten Phase, direkt nach der Publikmachung des Todes von Indira Gandhi, seien Gerüchte verbreitet worden, um die Stimmung gegen die Sikhs aufzuheizen: Das erste Gerücht besagte, daß Sikhs Lämpchen und Süßigkeiten verteilten, um den Tod Indira Gandhis zu feiern. Das zweite lautete, daß Zugladungen mit Hunderten von getöteten Hindus aus dem Panjab im Bahnhof von Old Delhi einliefen. Das dritte Gerücht schließlich behauptete, daß das Wasser in Delhi von Sikhs vergiftet worden sei. Polizisten sollen laut Angaben der indischen Menschenrechtsorganisationen an einigen Plätzen über Lautsprecher die Ankunft der Todeszüge und das Vergiften des Wassers bekannt gemacht haben, wobei diese beiden letzten Gerüchte später offiziell widerrufen wurden. Zunächst jedoch trugen sie wirksam zur Aufhetzung einer Volksstimmung bei, die in den Sikh-Pogromen mündete. In der zweiten Phase, vor allem in der Nacht zum 1. November und am darauffolgenden Morgen, kam es zu Ausschreitungen und Massakern in verschiedenen Teilen Delhis. Junge Leute kamen in Lastwagen mit Benzinkanistern und steckten systematisch Sikh-Häuser, Geschäfte und Gurdwaras in Brand. Es gilt als erwiesen, daß Verbindungsleute der Kongreßpartei hierbei die Massen mobilisierten, Alkohol und Kerosin verteilten und die nötigen Informationen über die Angriffsziele gaben. Öffentliche Busse der Delhi Transport Corporation wurden eingesetzt, um den organisierten Mob an die Einsatzstellen zu bringen. Und auch die Delhi Police Force, die 1984 über 27.000 Mann stark war, ist nicht ohne Schuld an den verheerenden Ausschreitungen und Massakern.

Typisch für die Stellungnahmen seitens der Verantwortlichen antwortete der Generalinspektor der *Border Security Force* (BSF), Mr. Misra, auf meine Frage, wie die Sikh-Pogrome nach der Ermordung Indira Gandhis drei Tage andauern konnten, bevor die Polizei einschritt, diese Behauptung sei falsch und basiere auf unwahren Angaben der Menschenrechtsorganisationen. Diese hätten den Fall nicht neutral untersucht. Die meisten Ausschreitungen hätten spontan bereits in der ersten Nacht nach der Ermordung stattgefunden, sie hätten nicht drei Tage angedauert, und die Polizei könne nicht alles sofort in den Griff kriegen, wenn ganze Menschenmassen in Wut über die Ermordung ihrer politischen Führerin ausbrächen. Auch die Berichterstattung der indischen Presse über die Vorfälle sei verfälscht.[38] Tatsache ist jedoch wohl, daß den Partisanengefühlen gegen die Sikhs freier Lauf gelassen wurde, ohne dem Massaker z. B. durch rechtzeitige Mobilisierung von Armeetruppen und ein klares und eindeutiges Einschreiten der höchsten Stellen im Innenministerium, in der zivilen Verwaltung, in Armee, Kongreß und Opposition Einhalt zu gebieten. Wie die Menschenrechtsorganisationen bitter vermerken, hatten die Autoritäten dagegen nur wenige Tage später „keinerlei Schwierigkeiten, eine ganze Brigade der Indischen Armee, bestehend aus 3.000 Männern und anderen 1.000 Personen, die der Marine und der Luftwaffe angehören, aufzustellen, die den Weg zu Indira Gandhis Beerdigungsplatz absicherten."[39]

Echte Hilfe wurde manchen Sikhs nicht von Seiten des Staates, sondern von Nachbarschaftsinitiativen zuteil, bei denen manche Hindufamilien ihre Sikh-Nachbarn im eigenen Haus versteckten. Abgesehen von diesen Einzelfällen herrschte jedoch den Berichten zufolge bei Teilen der Hindubevölkerung zumindest eine stillschweigende Akzeptanz der Ausschreitungen, die als Abrechnung für die von Sikh-Terroristen im Panjab verübten Attentate – nach dem Motto: „Man muß den Sikhs eine Lektion erteilen!" – gebilligt wurden. Die Gleichsetzung dieser Terroristen mit der Sikhbevölkerung im allgemeinen und die Schürung der ohnehin nach der Ermordung Indira Gandhis aufgeheizten Stimmung durch die genannten Gerüchte setzten die Hemmschwelle für das Verbrechen an den Sikhs psychologisch herab. Nach den Sikh-Pogromen entfernten viele junge Sikhs die äußeren Kennzeichen ihrer Religion: Sie rasierten sich die Bärte ab, schnitten sich das Haar und verzichteten auf das Tragen des Turbans, um sich so durch Verzicht auf die orthodoxen Identitätsmerkmale ihres spezifischen Glaubens vor Gewalt und Diskriminierung zu schützen.

Nach dem Abklingen der Ausschreitungen wurde in Delhi bei einem Treffen prominenter Sikhs die Gründung eines Sikh-Forums beschlossen, das sich um die soziale Situation der Betroffenen, vor allem der hinterbliebenen Witwen, kümmern solle. R.S.Chatwal, der Generalsekretär dieses Forums, berichtete mir, daß eine Massenmigration von Sikhs aus dem ganzen Land in Richtung Panjab befürchtet wurde, da diese sich nach den Pogromen in anderen indischen Landesteilen nicht mehr sicher fühlten. Laut offiziellen Zahlen flohen circa 25.000 Sikhs in den Panjab. Die Menschenrechtsorganisationen gehen jedoch davon aus, daß die tatsächliche Zahl weit größer sein muß, da allein im Gurdwara der Stadt Ludhiana 4.000 Familien Zuflucht suchten.[40] Vor allem die jungen Leute unter den Sikhs hatten laut Chatwal nach den Pogromen kein Vertrauen mehr in eine Zukunft außerhalb des Panjab. Viele wollten ihre Ausbildung abbrechen, und es lag nahe, daß einige von ihnen sich im Panjab den terroristischen Gruppierungen anschließen würden.

Um diese Entwicklungen einzudämmen, organisierte das Forum in Delhi und anderen Teilen Indiens, in denen es ebenfalls zu Ausschreitungen gegen Sikhs gekommen war, Versammlungen der Sikhbevölkerung und plädierte für ein Verbleiben der Sikhs an ihren jeweiligen Wohnorten. Gerade in der prekären Situation nach den Pogromen war das Engagement gemäßigter Sikhs, die versuchten, eine Massenflucht von Sikhs in den Panjab zu verhindern, sicherlich ein wesentlicher Beitrag dazu, die Gesamtlage zu beruhigen und einer weiteren Polarisierung der Bevölkerungsgruppen entgegenzuwirken. Auch die de facto getroffenen, aus Spendengeldern wohlhabender Sikh-Familien bestrittenen sozialen Maßnahmen zur Rehabilitation von Obdachlosen oder Witwen in Form finanzieller Starthilfen und Betreuung halfen hier rascher und effektiver als die langwierige Abwicklung staatlicher Entschädigungsprogramme. Laut Aussagen betroffener Sikhs erhielt kaum jemand die vom Staat zugesagte finanzielle Wiedergutmachung. Auch war deren Höhe knapp bemessen. Für ein vollständig ausgebranntes Haus mit eingestürztem Dach sollten 20.000 Rupees ausbezahlt werden.

Viele der Frauen, die ihre Männer und Söhne während der Sikh-Pogrome 1984 verloren haben, leben heute in sogenannten Witwenkolonien. Die Witwenkolonie im ‚Garhi-Village‘

beispielsweise, einem Stadtteil Delhis, umfaßt zwei Straßenzüge innerhalb eines Slum-Entwicklungsprojektes. Sie besteht aus vierzig Häusern, in denen über sechzig Witwen mit ihren Kindern leben. Zur Kolonie gehört ein Gurdwara und eine medizinische Versorgungsstation, von der – wie die Frauen berichten – auch einige Hindus der Nachbarschaft Gebrauch machen, was auf eine Normalisierung der Beziehungen zwischen den beiden Religionsgemeinschaften in diesem Gebiet hinweist. Zumindest einige der Frauen hatten früher einen wesentlich höheren Lebensstandard. Ihre Häuser wurden während der Ausschreitungen niedergebrannt. Nach dem Tod ihrer Männer konnten sie sich wegen des Verdienstausfalls die Mieten und hohen Elektrizitätskosten nicht mehr leisten. Oft wollten diese Frauen auch nicht mehr mit ihren schlimmen Erinnerungen in den gleichen Häusern weiterleben, und als Witwen kommen sie in einer solchen Kolonie, in der sie sich gegenseitig helfen können, besser zurecht. Die Häuser, in denen die Witwen heute leben, waren ursprünglich für Kastenlose gebaut worden. Das Sikh-Forum bewirkte, daß die Häuser den Witwen der Sikhopfer zur Verfügung gestellt wurden. Die finanzielle Regelung ist jedoch bis heute ein Streitfall. So soll etwa eine ältere Frau für ihre Einzimmerwohnung 47.000 Rupees bezahlen; sie hat jedoch bisher noch nichts von der ihr zustehenden Witwenrente bekommen und lebt von dem Geld, das ihr Sohn als Laufbursche in einem Büro verdient. Trotz Trauer und Unmut über das Unrecht, das ihnen widerfahren ist, zeigt sich jedoch gerade bei diesen älteren Frauen ein gewisses Vertrauen in die Möglichkeit, weiterhin Tür an Tür mit Hindus zusammenzuleben und sich nachbarschaftliche Hilfe zu gewähren. Diese Frauen vermeiden es auch, „die Hindus" als Gemeinschaft anzuklagen oder im Gegenzug zu dämonisieren; die Klagen beziehen sich vielmehr auf den konkreten Anlaß für das jeweilige persönliche Leid oder die existentiellen Sorgen.

Anders fällt oft die Reaktion jüngerer männlicher Sikhs aus: Ein etwa dreißigjähriger Mann berichtet mir, daß er miterlebt habe, wie sein Vater und sein Bruder von Hindu-Horden erschlagen wurden. Er habe eine gute Schulausbildung bis zur zwölften Klasse genossen, bekomme aber in Delhi, wo Sikhs wegen des Mordes an Indira Gandhi diskriminiert würden, nur einen ‚Job vierter Klasse' als Wachmann und müsse in miserablen Verhältnissen mit seiner Mutter in dieser Witwenkolonie leben. Er plane, demnächst in den Panjab zu gehen und dort den Kampf der Terroristen aktiv zu unterstützen. Auch wenn er dann vielleicht bald sterben würde, sei es besser, kurze Zeit für *Khalistan* gekämpft zu haben, als sein Leben weiterhin so zu verbringen.

Wie unterschiedlich die Einschätzung der Panjabfrage zwischen den Generationen verläuft, zeigen die Interviews mit dem 65jährigen Dr. Sohinder Singh Wanjara Bedi und seinem circa 40jährigen Sohn S. P. Singh Bedi. Das Lebenswerk des Vaters ist eine 12bändige, mit verschiedenen staatlichen Preisen ausgezeichnete Enzyclopädie über die Folklore im Panjab. Sein Sohn ist in der Industrie tätig. Der Vater glaubt, daß die heterogene Bevölkerung im Panjab dennoch durch eine gemeinsame Vergangenheit und gemeinsame folkloristische Traditionen eine ausreichende Basis hat, um friedlich miteinander leben zu können. Er hofft, daß sich diese Basis langfristig gegen die Entfremdung zwischen Hindus und Sikhs durchsetzen wird: „Die Grundlage der Panjabi Kultur ist ihr zusammengesetzter Charakter, der verschiedene Kasten, Überzeugungen, Rassen und Glaubensrichtungen unter einem Dach vereint. Deshalb ist in der Panjabi Kultur kein Platz für Fanatismus. Die Zivilbevölkerung hält die Glaubensstätten gleich welcher Religion in Ehren." Der Sohn hingegen zieht nicht Kriterien wie eine gemeinsame Vergangenheit oder die Folklore heran. Ihn interessiert vielmehr der technische Aspekt der ‚Machbarkeit', nämlich ob ein von Indien abgetrennter Separatstaat *Khalistan* wirtschaftlich überlebensfähig wäre. Geographische sowie zukunftsorientierte außenpolitische und wirtschaftliche Aspekte treten in seiner Betrachtung an die Stelle der Rückbesinnung auf historisch Verbindendes, die noch den Blick des Vaters prägt. Schließlich stellt der Sohn die These auf, daß ein vergrößerter Panjab, der um einige Distrikte der Bundesstaaten Haryana und Uttar Pradesh ausgeweitet werde, als *Khalistan* lebensfähig sei. Die Vergrößerung des Panjab sei auch kein Problem, denn: „Wenn Sikhs mit ihrer Kraft, Vitalität und Ausdauer angreifen, laufen die Hindus davon." In dieser Aussage spiegelt sich wiederum das Superman-Syndrom mancher Sikhs, die sich unbezwingbar fühlen. Eigentlich sieht mein Interviewpartner gar nicht so durchtrainiert aus. Aber ein großer Wandteppich hinter ihm, der einen zähnefletschenden Tiger zeigt, und ein paar Ziersäbel in der Ecke des Zimmers geben ihm schon das gewisse Etwas.

4. Das Scheitern der Politik

Die im Anschluß an die Ermordung Indira Gandhis durchgeführten Sikh-Pogrome haben vor allem bei den jüngeren Sikhs zu einer Abwendung von der Hindu-Gemeinschaft, vom zentralstaatlich regierten Indien und von der verantwortlichen Kongreßpartei geführt. Nach *Operation Bluestar* waren die Pogrome somit das zweite tief einschneidende Erlebnis, das zur Entfremdung der Sikhgemeinschaft beitrug und das Vertrauen dieser Volksgruppe in die Bereitschaft der Regierung, eine gerechte Lösung auf politischem Wege anzustreben, tief erschütterte.

Eine Anklage an die Regierung, die bis zum aktuellen Zeitpunkt von Sikhs immer wieder erhoben wird, betrifft die Tatsache, daß die Schuldigen an den Sikh-Massakern nicht bestraft wurden. Im Gegensatz zu den Gewaltausschreitungen gegen Sikhs, die stillschweigend geduldet beziehungsweise sogar provoziert wurden, erließ die Regierung besonders in den Jahren 1984 und 1985 drakonische Anti-Terrorgesetze[41] für den Panjab, die die Menschenrechtsorganisation *People's Union for Civil Liberties* zu dem Vorwurf veranlaßten, sie trügen durch ihren menschenrechtswidrigen Charakter eher dazu bei, die Zivilbevölkerung des Panjab zu terrorisieren, als den Terrorismus zu bekämpfen.[42]

Die Anti-Terrorgesetze ermöglichen auf bloßen Verdacht hin präventive Festnahmen von Personen, die möglicherweise terroristische Anschläge planen, mit Terroristen kollaborieren oder kollaborative Literatur verbreiten. Der präventiv Verhaftete gilt nach der neuen Regelung so lange als schuldig, bis seine Unschuld bewiesen ist: Eine Bestimmung, die in klarem Widerspruch zu Artikel 11 der Universellen Menschenrechtserklärung steht. Aus dem „Im Zweifelsfalle für den Angeklagten" wurde ein „Im Zweifelsfalle schuldig".

Bereits 1984 waren der Panjab und die Stadt Chandigarh zu Terrorgebieten erklärt worden. In verschiedenen Städten des Panjab wurden Sondergerichte etabliert. Sie sollten eine rasche Abwicklung der Verfahren an Ort und Stelle ermöglichen. Auch enthielt das Gesetz folgende Bestimmung: Von einer Person, die sich an einem bestimmten Ort zu einem Zeitpunkt aufgehalten hat, als an diesem Ort mit Waffengewalt Widerstand gegen Polizei oder Armee geleistet wurde, wird solange angenommen, sie selbst habe auch Widerstand geleistet, bis das Gegenteil erwiesen ist. Die Verteidigung des Angeklagten wird damit unter alleinige Beweispflicht gestellt, während die Anklage von der Beweispflicht entbunden ist. Diese Bestimmung traf vor allem die im Gefängnis von Jodhpur Inhaftierten, die bei *Operation Bluestar* auf dem Gelände des Goldenen Tempels festgenommen worden waren. Obwohl viele von ihnen unschuldige Pilger waren, wurden sie zum Teil jahrelang eingesperrt. Da das Anti-Terrorgesetz zudem vorsieht, daß Identität und Adresse der Belastungszeugen anonym bleiben, hat die Verteidigung der Angeklagten keine Chance, die Authentizität der Zeugenaussage zu überprüfen.

Darüber hinaus wurden die Streitkräfte mit außerordentlichen Vollmachten versehen und all ihre Aktivitäten legal abgesegnet. Die Menschenrechtsorganisation *People's Union for Civil Liberties* berichtet von brutalen Folterungen, Belästigungen von Häftlingen und deren Angehörigen sowie Erpressungen, gegen die sich die Betroffenen nicht auf legalem Wege wehren können, da die Kanäle für legitimen Protest durch die außerordentlichen Befugnisse, die Armee, Polizei und Sondergerichte erhalten haben, blockiert sind. Einige Journalisten, die kritisch über die Vorfälle berichteten, wurden der Sympathie mit Terroristen bezichtigt, festgenommen und mißhandelt. Die indische Regierung wies die Berichte indischer und internationaler Menschenrechtsorganisationen als vom Ausland beeinflußte Propaganda und Einmischung zurück.

Die Antwort der Regierung auf die terroristische Bedrohung trug sich den Titel der Polizeiherrschaft ein. Obwohl die öffentliche Meinung gegen die Extremisten gerichtet war, wurde ihrem Widerpart, der Polizei, auch keine Sympathie zuteil, da zu oft Berichte von Übergriffen der Sicherheitskräfte, ungerechtfertigten Verhaftungen und Exzessen publik wurden. Die Sicherheitskräfte zogen sich daher im Panjab das Image einer Besatzungsarmee zu, die von der Zivilbevölkerung gefürchtet wurde. Kritisiert wurden die Terrorbekämpfungsmethoden der Sicherheitskräfte auch deshalb, weil so gut wie kein Terrorist während einer terroristischen Aktion – sozusagen ‚auf frischer Tat' – getötet wurde, sondern immer nur während sogenannter *encounter*, Auseinandersetzungen zwischen Terroristen und Sicherheitskräften. Die fast einhellige Meinung der Sikhbevölkerung geht dahin, daß es sich bei diesen *encounters* um fingierte Zwischenfälle handelt, mit denen Verdächtige ohne lange Gerichtsverfahren aus dem Weg geräumt werden. Eine Methode der *encounter* besteht darin, daß die Polizei bei einer Verlegung der Terroristen von einem Gefängnis in ein anderes oder beim Transport zum Gerichtshof einen Fluchtversuch der Terroristen inszeniert und diese dabei erschießt.

Auf meine Frage, was er zu den sogenannten *encounters* zu sagen habe, bei denen Terroristen von der Polizei umgebracht werden, antwortete einer der Verantwortlichen, der Generalinspektor der Grenzschutzpolizei, Mr. Misra, mit folgender Geschichte, die zwar mit dem Sikh-Konflikt direkt nichts zu tun hat, die jedoch – setzt man sie analog – die zweifelhaften Methoden der Terrorbekämpfung rechtfertigen soll: In einem Dorf sei eines Tages ein achtjähriges Mädchen auf einer Mülldeponie halbtot aufgefunden worden. Das Mädchen war vergewaltigt und dann – im Glauben, es sei tot – auf die Mülldeponie gebracht worden. Er, Misra, habe seine Leute beauftragt, den Täter ausfindig zu machen, was schließlich gelungen sei. Dem Zorn der Dorfbewohner auf den Täter habe man freien Lauf gelassen. Der Mann habe die Tat daraufhin gestanden. Der Sub-Inspektor, der mit dem Fall beauftragt war, habe jedoch befürchtet, daß der Angeklagte vor Gericht behaupten werde, nur unter dem Druck der Polizei ein Geständnis abgelegt zu haben, aber in Wahrheit unschuldig zu sein, weshalb ihn das Gericht möglicherweise aus Mangel an Beweisen freisprechen würde. Deshalb wurde unter den Verantwortlichen besprochen, daß man einen Ohrring des Mädchens als Indiz anführen und behaupten werde, die Polizei habe diesen Ohrring im Hause des Angeklagten gefunden. Aufgrund dieses fingierten Beweisstückes sei der Angeklagte schließlich mit lebenslänglicher Haft bestraft worden. Der Generalinspektor der Grenzschutzpolizei fügt hinzu, daß er diese Maßnahme moralisch voll und ganz vertreten könne, denn nur so habe der Angeklagte seine rechtmäßige Strafe erhalten. – Und diesen Fall könne man nun auf die sogenannten *encounters* übertragen. Auch sie werden also als Mittel zum Zweck gerechtfertigt; die undemokratische und illegale Methode soll also letztlich zur Herstellung von Gerechtigkeit führen! Die schwerwiegende Beugung und Verletzung der Rechtsordnung wird von den Verantwortlichen auch noch verteidigt und als Mittel der Terrorbekämpfung legitimiert, wodurch sich der ‚Rechtsstaat' selbst auf das Niveau terroristischer Strategien begibt, ohne zuvor die ihm rechtlich zur Verfügung stehenden legalen Mittel voll ausgeschöpft zu haben.

Ein Blick auf das terroristische Spektrum im Panjab zeigt, daß dieses bis etwa 1992/93 gut organisiert war und hinsichtlich seiner Strategien ein hohes Maß an Koordinationsvermögen aufwies. Das Terror-Abwehrsystem der Sicherheitskräfte war zum einen wegen seiner Exzesse und des Gebrauchs illegaler und in hohem Grade unrechtmäßiger Methoden, die zum anderen auch noch über Jahre hinweg weitgehend ineffizient waren, im Panjab einer doppelten Kritik ausgesetzt. Zwischen den Fronten stand die Zivilbevölkerung, die ganz besonders unter der *President's Rule*, der jahrelangen Anwesenheit der Armee im Panjab und der Anwendung drakonischer Terrorbekämpfungsmethoden, zu leiden hatte. Einige von mir im Panjab interviewte Personen gaben an, daß sie sich mittlerweile durch ständige Straßenpatrouillen und die in großer Zahl stationierte Armee und Grenzschutzsoldaten im eigenen Land wie in einer Besatzungszone vorkommen. Die Zivilbevölkerung fühlte sich somit nicht nur durch terroristische Ausschreitungen der Sikh-Extremisten bedroht, sondern auch eingeschüchtert und terrorisiert durch die auf den ganzen Panjab ausgedehnte und das Alltagsleben aller Einwohner verändernde Sondergesetzgebung. Der Terror der Sikh-Extremisten wurde somit von vielen als Partisanenkampf gegen staatliche Unrechts- und Willkürherrschaft in einem neuen Licht gesehen.

In der Zwischenzeit nutzten Militante die Zeit, um den Goldenen Tempel erneut zur Befestigungsanlage auszubauen. Einheiten der nach dem Vorbild der bundesdeutschen GSG 9 ausgebildeten und organisierten ‚National Security Guard' (NSG) probten nun für einen zweiten militärischen Schlag gegen die im Tempel verschanzten Terroristen. Sollte eine so drastische militärische Maßnahme wie *Operation Bluestar* vermieden werden, so mußte die Aushebung der Terroristen aus dem Goldenen Tempel diesmal zu einem früheren Zeitpunkt stattfinden, bevor diese sich zu fest und sorgsam im Tempel etabliert hatten. Im Gegensatz zu den Truppen, die bei *Operation Bluestar* im Einsatz gewesen waren, verfügten die NSG-Einheiten mittlerweile durch Videofilme über eine genaue Kenntnis der räumlichen Verhältnisse des Tempelgeländes und über ein hochspezialisiertes Waffenaufgebot. Auch hatte man durch intensive Beobachtung einen Überblick über die Zahl und die Waffenstärke der Tempelbesetzer. Insgesamt unterschieden sich die NSG-Kommandos und -Scharfschützen durch Vorbereitung und Ausstattung sowie durch ihr spezielles Training für den Kampf und den psychologischen Krieg gegen Terroristen deutlich vom Infanterie-Charakter der während *Operation Bluestar* im Einsatz befindlichen Soldaten und zeigten eher selbst Ähnlichkeit mit einer Guerilla-Truppe. Der Funke im

Pulverfaß, der das Einsatzkommando für die NSG-Einheiten zu *Operation Black Thunder*, dem zweiten militärischen Schlag gegen die Terroristen im Goldenen Tempel, auslöste, war das am 9. Mai 1988 von militanten Sikhs verübte Attentat auf General Sarabdeep Singh Virk, den stellvertretenden Kommandeur der paramilitärischen Truppen (CRPF).

Um Vorwürfen der Sikhgemeinschaft von 1984, das Heiligtum entweiht zu haben, nicht ein zweites Mal Brennstoff zu geben, hatte die NSG den Auftrag, den inneren Tempelbezirk nicht zu betreten. Die Scharfschützen bezogen daher rings um den Tempel herum Position, von wo aus sie auf alles schossen, was sich bewegte. 3.300 Soldaten, angeführt von 500 NSG-Kommandos hielten die verschanzten Sikhs unter fast einwöchiger Belagerung. Trotz mehrfacher Schußwechsel verlief die Aktion im Vergleich mit den hohen Opferzahlen, die *Operation Bluestar* gekostet hatte, noch relativ glimpflich: 30 Terroristen wurden von den Belagerungstruppen erschossen, die selbst keine Opfer zu verzeichnen hatten. Als einer der ersten wurde Jagir Singh, ein Sprecher der Terrorvereinigung *Panthisches Komitee*, von einem Scharfschützen getroffen. Sein Tod demoralisierte das terroristische Lager. Bereits am 15. Mai folgten 146 Tempelbesetzer, darunter 16 Frauen und 12 Kinder, dem ersten Aufruf, sich zu ergeben. Der Druck auf die verbliebenen 46 im Tempel verschanzten Sikhs wurde aufrechterhalten und durch eine psychologische Offensive ergänzt: Ein bekannter Sikh-Heiliger, Baba Uttar Singh, appellierte an die Militanten, den Tempel zu verlassen. Der Einsatz einer religiösen Autorität, um den Widerstand militanter Sikhs aufzuweichen, ist hier wohl als geniale Taktik der Terrorbekämpfung zu bewerten. Auch wurden einige der bereits am 15. Mai verhafteten Terroristen eingesetzt, um die verbliebenen Besetzer zu beeinflussen. Der verstärkte Belagerungsdruck und die psychologische Offensive trugen schließlich am 18. Mai ihre Früchte, als die restlichen Militanten kapitulierten. Zwei der Terroristen begingen Selbstmord.

Im Gegensatz zu *Operation Bluestar* wurde die Belagerung des Tempels während *Operation Black Thunder* von der Sikh-

Bevölkerung nicht als Verletzung der Sikhgemeinschaft empfunden. Zwei Gründe mögen dazu beigetragen haben: Zum einen hatte sich die Sikhbauernschaft von den Militanten entfremdet. Die Bevölkerung hatte sich zunehmend von den terroristischen Aktionen distanziert und war auch wegen Erpressungen nicht gut auf die Militanten zu sprechen, die von ihnen die Unterstützung ihrer Aktionen in Form von Geld und Waffen erzwungen hatten. Zum anderen wurde *Operation Black Thunder* aufgrund der gewandten Handhabung durch die Regierung und die NSG-Einheiten nicht der scharfen Kritik ausgesetzt wie vier Jahre zuvor *Operation Bluestar.* Auf das gesamte terroristische Spektrum hatte die Tatsache, daß die Tempelbesetzer nach relativ kurzer Belagerungszeit mit erhobenen Händen kapituliert hatten, zunächst eine demoralisierende Wirkung. Dennoch konnte auch dieser militärische Sieg über die Militanten nicht mit einer Beilegung des Panjab-Konfliktes gleichgesetzt werden, zumal die Mehrzahl der Terroristen noch immer in Freiheit war und die Terroraktionen nicht eingestellt wurden. Vor allem mangelte es zur endgültigen Beilegung an einer politischen Initiative.

Um der Zweckentfremdung des Goldenen Tempels als Waffendeponie und Versteck der Terroristen ein Ende zu setzen, beschloß die Regierung im Mai 1988, einen dreißig Meter langen Korridor um den Tempelkomplex herum auszuheben. Zu diesem Zweck mußten umliegende Wohn- und Geschäftsviertel abgerissen werden. Die fast 5.000 betroffenen Bewohner und Geschäftsleute wurden mit finanziellen Entschädigungen abgefunden; darüber hinaus wurden ab Dezember 1988 neue Geschäftsviertel als Alternativen für die obdachlosen Händler in der Stadt etabliert. Die neuen Einkaufsplätze haben jedoch nicht annähernd die Attraktivität der abgerissenen, über vierhundert Jahre alten traditionellen Bazaare an der Peripherie des Tempels, und die Kundschaft läßt auf sich warten. Obwohl der Korridor die strategische Intention der Anti-Terror-Prophylaxe mit der Schaffung einer grünen Lunge innerhalb der mit Abgasen gesättigten Altstadt von Amritsar verbinden soll, genießt er natürlich nicht gerade den Segen der Sikhge-

Abb. 9: Hindu-Frauen in Kaithal klagen um 22 Tote, die von terroristischen Sikhs in dem kleinen Marktflecken erschossen wurden (November 1988). (Foto Südd. Verlag)

meinschaft. Weder öffentliche noch private Bauunternehmen waren bereit, das Projekt zu beenden, da Terroristen sie mit Morddrohungen einschüchterten. Präzedenzfall war die Ermordung eines der führenden Ingenieure des Korridor-Projektes im August 1990, worauf die Arbeit eingestellt wurde. Die Stagnation des Korridors bot somit eine Parallele zum Stillstand des Jamuna-Sutlej-Wasserkanals; beide Fälle veranschaulichen, daß Entscheidungen im Panjab lange Jahre ohne Zustimmung der Terroristen kaum noch umgesetzt werden konnten.

Mit der zweiten militärischen Offensive, der geschilderten *Operation Black Thunder*, konnte zwar ein wichtiger Stützpunkt der Terroristen, ihre Basis im Goldenen Tempel, ausgehoben werden; dennoch setzten bereits nach kurzer Zeit wieder terroristische Ausschreitungen ein. Als wesentlicher Faktor, der den Konflikt am Kochen hielt, wurde in der indischen Öffentlichkeit und in der Presse die Unterstützung der Terroristen durch Pakistan beurteilt, ein Argument, das durch Ermittlungen im Anschluß an *Operation Black Thunder* nachweislich bestätigt werden konnte.

Bei der Durchsuchung des Tempelgeländes im Anschluß an *Operation Black Thunder* wurden mehrere Briefe und Dokumente aufgefunden, die Aufschluß über bestehende Verbindungen zwischen militanten Sikhs und dem Nachbarn Pakistan gaben. Weitere Informationen erhielten die indischen Behörden durch Verhöre der nach *Operation Black Thunder* verhafteten Terroristen, die die Strategien des Waffenschmuggels schilderten und über ihr Waffentraining, das sie auf pakistanischem Boden erhalten hatten, berichteten. Auch war aus den Verhören ersichtlich, daß sich die Schlüsselfiguren der terroristischen Bewegung an geheimen Orten in Pakistan und anderen Ländern befanden, von wo aus sie terroristische Strategien entwarfen und Mordbefehle erteilten, während die im Panjab aktiven Terroristen im Grunde nur als Vollstrecker fungierten. Nicht zu unterschätzen ist sicherlich auch die Rolle der im Ausland lebenden Sikhs; es ist anzunehmen, daß die in den Vereinigten Staaten, Kanada, England und in der Bundesrepublik Deutschland etablierten Sikhs den Kampf materiell und ideell – zum Beispiel als Sprachrohr und Meinungsbildner unterstützten. Vom Präsidenten des Sikh-Tempels in Frankfurt am Main, Basant Singh, wurde diese ideelle Funktion in Bezug auf die deutsche Sikh-Diaspora im Interview bestätigt: „Wir sind die Presse der Sikhs. In Indien wird nichts öffentlich, was wirklich passiert. Aber wir sitzen hier, wir dürfen sagen, was wirklich passiert. Das ist eine große Hilfe für die Sikhs. Und das machen wir. Wir verteilen Zeitungen, auf Deutsch geschrieben. Wir produzieren selbst eine Zeitung, die heißt *Stimme der Sikhs.*“ Daß teilweise auch die militärische Ausstattung von Sikhs in der Diaspora beschafft oder zumindest finanziell unterstützt wurde, ist anzunehmen.

Fast alle während *Operation Black Thunder* aufgefundenen Dokumente hatten einen Bezug zu Pakistan und deckten auf, daß die Verbindung zwischen den Militanten und Pakistan in die frühen 80er Jahre zurückdatiert. Sie gaben damit den seit

Operation Bluestar kursierenden Gerüchten und Beschuldigungen, der Nachbar Pakistan unterstütze den Sezessionskrieg der Sikhs im Panjab mit Waffenlieferungen und Ausbildung, erstmals Beweise an die Hand. Das militärische Überlegenheitsgefühl hatte sich seit etwa Ende der 70er Jahre von Pakistan auf Indien verschoben. Pakistan versprach sich in einem offenen Krieg mit Indien keine großen Gewinnchancen. Es war daher plausibel, daß Pakistan versuchte, Indiens Stärke auf andere Weise auszuhöhlen: Ein Mittel war die Unterstützung der Sezessionsbewegung im Panjab durch Hilfestellungen für die Sikh-Terroristen. Besonders bei der Versorgung der Extremisten mit Waffen kann davon ausgegangen werden, daß Pakistan eine Schlüsselrolle spielte, da der Waffenschmuggel an der indo-pakistanischen Grenze ohnehin ein etabliertes Geschäft ist.

Ab April 1988 häuften sich die Vorwürfe Indiens gegen Pakistan und ließen die Gefahr eines bewaffneten Konfliktes der beiden Nachbarstaaten aufziehen: Dies fand seinen publizistischen Niederschlag in drohenden Leitartikeln der indischen Presse. Im innerindischen Kontext dienten diese Drohungen dem Ziel der Regierung, Stärke zu demonstrieren. Es sollte der Eindruck vermittelt werden, Indien werde selbst vor dem extremen Schritt eines indo-pakistanischen Krieges nicht zurückschrecken, um dem Terrorismus im Panjab ein Ende zu setzen. Gleichzeitig diente die Formulierung der Vorwürfe, wie sie Pakistan im April 1988 vom indischen Außenministerium schriftlich übermittelt wurden, auch einer Projektion der Schuldzuweisungen an der Terror-Eskalation im Panjab auf den Nachbarstaat Pakistan. Genauso schnell, wie die Gefahr eines Krieges an die Wand gemalt worden war, entspannte sich die Situation nach diplomatischen Verhandlungen der Außenministerien beider Länder auch wieder weitgehend. Allerdings wurde in Delhi beschlossen, die durchlässige Grenze zwischen dem Panjab und Pakistan mit Stacheldraht und Minen sowie durch Aufstellung zusätzlicher Grenzposten abzuriegeln.

Eine Strategie, mit der die Terroristen ihrerseits den sensiblen Grenzbereich zu Pakistan stärker unter ihre Kontrolle brachten, war die Errichtung zahlreicher Denkmäler, die vordergründig dem Ruhm und Andenken der im Kampf für *Khalistan* umgekommenen Terroristen dienen sollten. Lage und Konstruktion dieser Denkmäler legen jedoch die Vermutung nahe, daß sie darüber hinaus von strategischer Bedeutung waren: Einige sind zu vollständigen Gurdwaras ausgebaut worden, abgeschirmt durch hohe Begrenzungen und Eisentore. Andere wiederum haben die Form einer hohen Säule, auf der eine Lampe befestigt ist. Nach Angaben des indischen Geheimdienstes dienten die Gurdwaras als Verstecke und Waffenlager; die beleuchteten Säulen boten Terroristen, die bei Nacht die indo-pakistanische Grenze passierten, ausgezeichnete Orientierungspunkte. Während es im Grenzbereich zum Bau mehrgeschossiger Häuser einer speziellen Erlaubnis bedarf, unterliegt die Errichtung dieser ‚Denkmäler' keiner Kontrolle.

Neben ihrer strategischen Bedeutung setzen die Denkmäler zeichenhaft auch die Geschichtsschreibung der Sikhs als eine Geschichte der Verfolgung und des Martyriums fort und waren somit Teil einer psychologischen Offensive, mit der die Terroristen anti-indische Sentiments schürten. Zudem wurden durch die religiöse Glorifizierung der ums Leben gekommenen Terroristen und ein ‚Robin Hood Image' neue Rekruten für terroristische Aktionen gewonnen. Die Monumente verfolgten somit auch das Ziel, hartgesottene Terroristen als Märtyrer für den *Dharam Yudh*, den ‚gerechten Kampf um *Khalistan*', zu legitimieren, die verübten Morde zu rechtfertigen und das moralische Bewußtsein der Sikhbevölkerung zu pervertieren.

Sicherlich, so kann abschließend bewertet werden, darf Pakistan nicht als Auslöser und entscheidender Motor des Sikh-Konfliktes gesehen werden. Dennoch ist erwiesen, daß Pakistan den Sikh-Terroristen wesentliche Hilfestellungen gewährte, die die Eskalation des Terrors in diesem Bundesstaat begünstigten. Pakistan, ein Staat, der Indien durch die gemeinsame Geschichte, das historische Ereignis der Teilung mit der Abspaltung des islamischen Staates vom Mutterland Indien und vergangene Grenzstreitigkeiten und Kriege nicht gerade in

Freundschaft verbunden ist, ermöglichte den Terroristen einen leichteren Zugriff auf Waffen, Trainingsmöglichkeiten und – nach gelungener Flucht über die nahe Grenze – Schutz vor dem Zugriff der indischen Behörden. Die Grenzlage zu Pakistan hat somit die Dynamik und die Eskalation des Konfliktes beeinflußt und im Vergleich zu der Vorstellung, der Panjab wäre ein Binnenstaat innerhalb der Indischen Union, die Dauer und das Ausmaß der Krise vertieft.

Einen Versuch, ihr Verhältnis zur Sikh-Bevölkerung des Panjab zu verbessern, unternahm die indische Armee in der zweiten Phase von *Operation Rakhshak*. In der ersten Phase im Sommer 1990 ging es in erster Linie um die Absicherung des Gebietes an der 550 Kilometer langen Panjab-Grenze; fünf Infanterie-Divisionen wurden zu diesem Zweck an die Grenze abgeordert. Bei der zweiten Phase im Frühjahr 1991 gab der damalige Premierminister Chandra Shekar der Armee neben ihrer militärischen Aufgabe übergeordnete Zielvorstellungen mit auf den Weg: Die Armee solle einen Beitrag dazu leisten, das Vertrauen bei der Lokalbevölkerung wiederherzustellen und Bedingungen zu schaffen, unter denen eine zivile Verwaltung funktionieren könne. War die erste Phase von *Operation Rakhshak* noch eine Zurschaustellung militärischer Macht, um Gewaltausschreitungen durch Einschüchterung von vorneherein zu verhindern, so übte sich die Armee in der zweiten Phase in betonter Volksnähe, Hilfsbereitschaft und sozialem Engagement, um die zivile Bevölkerung durch sanfte Techniken zu gewinnen. Die Armee half beim Straßen- und Brückenbau in der Grenzregion, sie errichtete medizinische Stationen und transportierte Schwerverletzte ins nächstgelegene Krankenhaus; Soldaten sprangen in Dorfschulen, in denen seit Jahren unter dem Druck des Terrors kein Unterricht mehr stattgefunden hatte, als Lehrer ein. Zu diesen Aktionen wurden Truppen zusammengestellt, die sich mit den sozioreligiösen Bedingungen des Panjab auskannten. Zudem wurden ihnen Instruktionen gegeben, nicht die Häuser der Dorfbewohner zu betreten, an heiligen Plätzen nicht zu rauchen und ihre Lager nur auf freien Plätzen aufzuschlagen. Auf bundesstaatlicher und auf Distriktebene kontrollierten und koordinierten verschiedene Komitees den Ablauf der Aktionen.

Laut Presseberichten blieb diese neue Strategie nicht erfolglos. War zuvor die Präsenz der Armee, die den Staat nach außen gegen fremde Feinde schützen soll, als Besatzung im eigenen Land empfunden worden, so erhielt ihre Anwesenheit durch den sozialen Einsatz nun eine gewisse Legitimation. Ein Vorfall jedoch trübte das Bild schlagartig: Im März 1991 erschossen Soldaten in dem Dorf Nathu Ke Burj, 45 Kilometer von Amritsar entfernt, sechs Bauern auf ihrem Feld, die sie angeblich für Militante gehalten hatten. Von den Extremisten und auch vom Präsidenten der Akali Dal, Simranjit Singh Mann, wurde dieser Vorfall als Indiz für die wahren Absichten von Armee und Regierung gesehen und zum Anlaß genommen, um die Anwesenheit der Armee im Panjab als Militärdiktatur zu bewerten. Die kurze Phase, in der sich eine Verbesserung des Verhältnisses zwischen Armee und Zivilbevölkerung abzuzeichnen begann, war damit abrupt beendet.

5. Alltag in „Khalistan"

Ab April 1988 unternahmen die Extremisten konkrete Schritte zur Einsetzung einer Parallelregierung in verschiedenen Distrikten des Panjab, die sogar von offiziellen Stellen als ein „de-facto-Khalistan" eingeschätzt wurde. Trotz der ständigen Präsenz eines großen Aufgebotes an paramilitärischen Kräften brachten die Extremisten das soziale Leben in diesen Gebieten unter ihre Kontrolle. Die Anordnungen der örtlichen Gurdwaras mußten strengstens befolgt werden, und der Bevölkerung wurden regelmäßig finanzielle Zuwendungen abgezwungen – eine Art ‚Khalistan-Steuer' sozusagen. Die Polizei wagte sich kaum noch in diese Gegenden, in denen die Terroristen bis an die Zähne bewaffnet waren.

Mit Wirkung vom 26. Januar 1991 an verboten die Militanten den Verkauf und den Genuß von Alkohol, Fleisch, Eiern, Tabak, Zigaretten und Narkotika in Amritsar, Anandpur Sahib und Damdama Sahib, die sie zu heiligen Städten erklärten. Keiner der zehn Gurus hatte zu Vegetarismus aufgerufen; die neue Verordnung beruhte daher nicht auf religiösen Grundsätzen der Gemeinschaft, sondern einzig auf dem Druck der Fundamentalisten. Durch die Drohungen der Militanten ging beispielsweise der Fleischverkauf bereits vor Ablauf des Stichtages um fast 30% zurück. In Amritsar gibt es circa 150 Metzgereien. Viele ihrer Betreiber beugten sich dem Diktat der Militanten und suchten nach alternativen Beschäftigungsmöglichkeiten. In Lokalzeitungen erschienen öffentliche Bittgesuche der betroffenen Händler an die Militanten, ihnen den Verkauf ihrer Ware noch bis Ende des Jahres zu gestatten, da die plötzliche Schließung ihrer Läden sie finanziell ruinieren würde. So erschien beispielsweise in der in Jallandar stationierten Lokalzeitung *Ajeet* am 11. Januar 1991 unter der Überschrift „Bitte an unsere militanten Brüder" eine Anzeige, in der fünf Geflügel- und Fleischhändler um Erlaubnis bitten, ihre Geschäfte weiterführen zu dürfen, da diese nicht in der Nähe des Sikh-Heiligtums lägen. Der Bann beeinflußte aber auch die Eßgewohnheiten und den Lebensstil der Bewohner, der nach Meinung der Militanten bisher nicht der Spiritualität und religiösen Bedeutung der Stadt entsprach. Die fundamentalistischen Anordnungen, die schließlich auch den Besuch von Spielhallen, Kinos, Videoläden und Kosmetiksalons verboten, wurden aus Angst vor der Gewaltherrschaft der Extremisten befolgt.

Weitere Vorschriften regelten die Kleiderordnung im Panjab. An Schulen und Universitäten wurde Frauen und Mädchen das Tragen von Hosen und Röcken sowie das Schminken verboten. Einzig die traditionelle Tracht des ‚Salwar-Kameez' war noch zulässig. Bei den neuen Schuluniformen dominierten die Farben der *Khalistan*-Flagge: Blau und Gelb. Auf dem Campus der Panjabi University in Chandigarh, die bislang als kosmopolitische, liberale und westlichen Trends am ehesten aufgeschlossene Universität des Panjab galt, setzten die Militanten Exempel: Einige Studentinnen wurden geohrfeigt, einer anderen wurden die Jeans zerrissen. Militante forderten den Bau eines Gurdwaras auf dem Campus. Die Zeitschrift *India Today* fand für die Veränderungen folgendes Bild: „Innerhalb von zwei Wochen nach dem ersten Angriff der Militanten hat der Campus all seine Vitalität und Farbe verloren. Er wirkt, als hätte man eine Levis Jeans in einem Eimer voll Bleiche über Nacht stehenlassen."

Im März 1991 hatte ich selbst Gelegenheit, eine Woche im Gästehaus der Guru Nanak Universität von Amritsar zu wohnen und die Auswirkungen des Terrors auf dem Campus zu beobachten. Die Universität befindet sich an der Peripherie der Stadt auf einem in sich geschlossenen Gelände, das mit einer bewachten Ein- und Ausfahrt versehen ist. Der erste Blick zeigt eine parkähnlich gepflegte Anlage mit verschiedenen aus den 70er Jahren stammenden Gebäuden, die über den ganzen Campus verteilt sind. Das Zentrum bildet ein mehrstöckiger, architektonisch interessanter Bibliotheksbau mit den Fachbibliotheken der einzelnen Fakultäten sowie einem großen Fachzeitschriften-Leseraum. Auf dem Campus befinden sich neben den Unterrichtsgebäuden mehrere Studentenwohnheime, kleinere Häuserreihen für Dozenten und Professoren sowie ein Gästehaus für Gastdozenten anderer Universitäten. Aus dem universitätseigenen Gurdwara werden mehrere Stunden am Tag per Lautsprecher Sikh-Gottesdienste über den gesamten Campus übertragen, obwohl sich die Studenten- und Professorenschaft aus Sikhs und Hindus zusammensetzt. Alle Sikh-Studenten tragen den obligatorischen Turban, alle Studentinnen, ob Sikh oder Hindu, die traditionelle Tracht des Panjab, den Salwar Kurta Kameez. Die Sikh-Extremisten hatten mittlerweile als Teil ihres Planes, ein de facto-*Khalistan* durchzusetzen, Rock und Bluse sowie Jeans vom Campus verbannt. Da der Panjab mehrere Jahre für ausländische Besucher gesperrt war, löste mein Erscheinen auf dem Campus unter den Studenten zwar neugierige Blicke, aber bei Annäherung eher scheue Reaktionen aus. Die Modernität der architektonischen Anlage steht insgesamt in eigentümlichem Kontrast zu der Ausstrahlung, die ansonsten vom Leben auf dem Campus auf den Betrachter ausgeht – zumal in Begleitung der unterschwellig immer gegenwärtigen Gesänge aus dem Gurdwara. Ein

Sikh-Student gestand mir unter dem Siegel der Vertraulichkeit, daß er eigentlich gegen Khalistan sei. Dies könne er aber selbst engen Freunden nicht mehr anvertrauen, da er sonst als „Gemäßigter" Gefahr laufe, von den Extremisten auf dem Campus umgebracht zu werden. Außer den Wachen an der Ein- und Ausfahrt des Universitätsgeländes hielten sich ständig 100 bis 150 Sicherheitskräfte auf dem Campus auf, die durch ihre Präsenz verdeutlichten, daß auch die Universität Schauplatz des Sikh-Konfliktes war und keineswegs eine Oase akademischer Ungestörtheit. An der Universität fand im März 1991 eine Tagung von Linguisten aus dem ganzen Panjab statt, die die Umstellung der Lehrmittel an den Colleges und Universitäten auf Panjabi diskutierten und vorbereiteten. Auf meine Frage, ob diese neue Sprachregelung eine Reaktion auf den Druck der Militanten sei, die mit Gewalt versuchen, Panjabi gegen Hindi und Englisch als Amts- und Unterrichtssprache durchzusetzen, wurde dies zuerst verneint; der Beschluß sei bereits zuvor gefaßt worden. Schließlich wurde aber doch eingestanden: „Bis zu einem gewissen Grad geschieht es auch auf den Druck der Extremisten hin." Es scheint, als wollten sich die Betroffenen zunächst die von den Extremisten auferlegte Sprachpolitik nicht als eklatanten Eingriff in ihre akademische Freiheit eingestehen und suchten Zuflucht in einer vermeintlichen Identifikation mit der neuen Regelung. Der Soziologe Professor Raghubir Singh Tak, ein Sikh, der die äußeren Attribute des Sikhismus wie Turban und Bart jedoch abgelegt hat, reflektiert hingegen, wie sich der Konflikt auf Lehre und Forschung seiner persönlichen Erfahrung und Beobachtung nach auswirkt. Forschungsvorhaben im Panjab sieht er gegenwärtig nur unter Vorbehalten durchführbar; es gebe im Sikhismus einen theoretischen Rahmen, der vom Tempelkomitee SGPC und von in der Sikh-Politik engagierten Akademikern akzeptiert werde. Forschungsergebnisse müssen – so der Soziologe – innerhalb dieses Rahmens liegen. In seiner akademischen Freiheit fühle er sich von zwei Seiten beschränkt: von Sikh-Organisationen einerseits und von der Regierung andererseits. Eine Dorfstudie im extremistischen Kerngebiet des Tarn Taran-Distriktes habe er abbrechen müssen, da die unsichere Lage jede Feldforschung unmöglich gemacht habe. Akademische Arbeiten seien also zum einen bereits bei der Durchführung von Forschungsvorhaben beschränkt, zum anderen bei der Präsentation der Forschungsergebnisse. Eine Form der Auswirkung des Konfliktes auf den universitären Betrieb, der von den meisten Dozenten und auch vielen Studenten bestätigt wurde, ist der Gebrauch unfairer Mittel bei den Abschlußexamen; manche Studenten gingen den Informationen zufolge so weit, Prüfer mit Waffengewalt zu bedrohen, um bessere Ergebnisse zu erpressen. Einige Dozenten seien gezwungen worden, die Universität zu verlassen. Auch viele Studenten kritisieren, daß durch diese Entwicklungen der akademische Standard der Universität stark gesunken sei. Da im März 1991 im verglasten Hörsaal des Universitätsgebäudes gerade schriftliche Prüfungen abgehalten wurden, waren mehrere schwerbewaffnete Polizisten vor den großen Glasfenstern postiert, um für einen ordnungsgemäßen Ablauf des Examens zu sorgen. Trotz dieser Vorkehrungen ist der Wert der Prüfungsergebnisse bereits so weit gesunken, daß die Universität den von ihr selbst vergebenen Abschluß nicht mehr als ausreichend anerkennt, um darauf aufbauende Studien anzuschließen: Für die Zulassung wurde ein weiterer Test zwischengeschaltet.

Die Militanten kontrollierten in Schulen, ob der Unterricht in Panjabi abgehalten wird, und drangen mit Waffen in Büros und staatliche Ämter ein, wo sie die Angestellten zwangen, ihren offiziellen Schriftwechsel in der heiligen Sikh-Schrift *Gurmukhi* abzufassen. In Banken, Behörden und Ämtern Chandigarhs wurden die Angestellten gezwungen, englische Hinweisschilder in Panjabi umzuschreiben. Vorausgegangen war eine sechsseitige Erläuterung, die die Terrororganisation *Panthisches Komitee* in verschiedenen Zeitungen veröffentlichen ließ und die genaue Direktiven für die zukünftige Sprachregelung in Verwaltung und Erziehungswesen des Panjab erteilte.

Desgleichen wurde ein Verhaltenskodex für die Journalisten und Verleger der Presse im Panjab erlassen: Unter Mordandrohung wurde von den Journalisten unter anderem verlangt, daß sie die Terroristen fortan nur noch als „Militante“ oder „Khalistani mujahedin“ bezeichnen – nicht mehr aber als Terroristen; auch sollte jedem Namen die Anrede *Bhai* oder *Sardar* vorangestellt werden. Da der Bekanntmachung des Kodex‘ 65 Morde an Journalisten vorausgegangen waren, reagierten die Medien in der Tat eingeschüchtert: „Während die Lehrer ihr neues Curriculum studieren, lernen die Journalisten die Sprache der Militanz.“[43]

Gewisse Sympathien unter der Bevölkerung des Panjab gewannen die Militanten dadurch, daß ihre Parallelregierung effektiver und rascher handelte, was nicht immer zu ungunsten der Betroffenen geschah: Es gab beispielsweise Dorfschulen, die seit Jahren brachlagen, da der zuständige Schulbeamte trotz zahlreicher Anfragen keine Lehrer in die betroffenen Gebiete schickte. Die Militanten des Dorfes regelten den Fall nun zügig und sorgten notfalls mit Gewalt dafür, daß das Schulamt Lehrer schickte. Ähnliches traf auch für Rechtsstreitigkeiten zu: Manche Rechtsstreitigkeiten um Landbesitz beispielsweise, die seit über zwei Jahrzehnten bei den Gerichten anhängig waren, wurden vom ‚Khalsa Panchayat‘ der Sikh-Extremisten nun rasch beigelegt. Letzteres Beispiel zeigt die Etablierung einer parallelen Rechtsprechung der Militanten, die sich so zu alternativen Anlaufstellen für die Bevölkerung entwickelten.

Nicht ohne einen gewissen Respekt berichteten Sikhs aus der Zivilbevölkerung, wie es Militanten gelang, den religiösen Prinzipien des Sikhismus – wie zum Beispiel der Ablehnung des Kastenwesens – zu neuer Geltung zu verhelfen: Nach dem Sonntagsgebet im Gurdwara wird an die Gläubigen traditionellerweise *Prasad* verteilt, eine durch den Gottesdienst gesegnete süße Kandismasse. An dem betreffenden Sonntag, so mein Interviewpartner, sollte ein junger Mann das *Prasad* austeilen, der im Dorf zu den Unberührbaren zählte. Einige Sikhs verweigerten deshalb die Annahme des *Prasad*. Der betroffene junge Mann berichtete diesen Vorfall den Militanten, die am darauffolgenden Sonntag alle Anwesenden unter Androhung von Waffengewalt zwangen, das *Prasad* aus der Hand des Unberührbaren anzunehmen.

Auch vor Eingriffen in das Privatleben schreckten die Militanten nicht zurück. Mein Interviewpartner berichtet, wie die Militanten die Ehe seines Bruders „in Ordnung“ brachten: Kurz nach der Hochzeit sei es zwischen den Eheleuten zu heftigen Streitigkeiten gekommen, weshalb die Frau zu ihren Eltern zurückging. Militante hörten davon, appellierten an Moral und Glauben des Ehemannes als Sikh und kündigten an, in vier Wochen nachzusehen, ob alles wieder in Ordnung sei. Als sie wiederkamen und der Mann seine Frau noch immer nicht zurückgeholt hatte, drohten sie an, ihn zu erschießen, falls er nicht in den nächsten Tagen sein Eheleben wiederaufnähme. Unter diesem Druck habe er gehorcht und sich mit seiner Frau arrangiert.

Das Magazin *India Today* kam in seinem Bericht über das sich herauskristallisierende de-facto-*Khalistan* unter dem Titel „Die Herrschaft des Gewehrs“ zu der Bewertung, daß die Militanten insbesondere in Teilen des ländlichen Panjab, speziell in den Grenzregionen zu Pakistan, nicht mehr nur eine Parallelregierung führten, sondern zumindest partiell die Regierung an sich übernommen hatten.[44] Hier muß jedoch die Tatsache, daß sich diese Regierung nur durch Terror etablieren und nur mit Zwangsmaßnahmen beziehungsweise Guerilla-Techniken halten konnte, als Indiz dafür gesehen werden, daß die überragende Mehrheit der Bevölkerung nicht hinter diesem de facto-*Khalistan* stand. Zwar war seit dem traumatischen Erlebnis der Tempel-Erstürmung und der Sikh-Pogrome der Konflikt in eine neue Phase getreten, die den Kampf der Extremisten für viele Sikhs in einem neuen Licht erscheinen ließ. Die Etablierung einer Gewaltherrschaft, die durch Mordandrohungen der Bevölkerung einen von fundamentalistischen Prinzipien geprägten Lebensstil aufzwingen wollte, ging jedoch an den Bedürfnissen und Vorstellungen der Menschen im Panjab vorbei. Die Zivilbevölkerung befand sich vielmehr über Jahre hinweg von zwei Seiten in Bedrängnis: von den Militanten einerseits, die immer stärker in ihr Leben eingriffen, und von Polizei und Armee andererseits, die beinahe jeden Sikh für einen potentiellen Terroristen hielten.

Wie spiegelte sich nun 1991 das beschriebene de-facto-*Khalistan* in einem Dorf in der Grenzregion zu Pakistan, im Kerngebiet des Terrorismus? Das Dorf Balrampur[45] liegt im sensiblen Grenzbereich des Panjab – in einer fast greifbaren Nähe von nur circa zwei Kilometern zur pakistanischen Grenze. Diese Grauzone des Waffenschmuggels galt als Kerngebiet des Extremismus, in dem die Sikh-Terroristen das soziale Leben weitgehend unter ihre Kontrolle gebracht hatten. Eine neue Interpretation hat sich über dieses Gebiet gelegt: Dem ortsfremden Besucher wird es von seinen Einwohnern nach Gesichtspunkten erschlossen, die alle direkt mit dem Konflikt in Zusammenhang stehen. Während der Fahrt von Amritsar in Richtung Grenze weisen meine beiden Sikh-Begleiter auf bestimmte Dörfer, Plätze und Gebäude hin, die für sie Schauplätze und Gedenkstätten ihres Kampfes für *Khalistan* markieren. Der Panjab wird vorgestellt in einer Topographie des politischen Terrors. Rechts und links des Weges liegen Dörfer, die einen neuen Rang erworben haben, weil sie Geburtsstätten bekannter Sikh-Terroristen sind. An Straßenkreuzungen oder an bestimmten Plätzen erinnert man sich der *encounter* mit der Grenzschutzpolizei, die dort stattgefunden haben. In jenem Dorf sei einmal eine der größten *Bhog*-Zeremonien abgehalten worden, eine Massenveranstaltung anläßlich der Beerdigung prominenter Terroristen, die ihr Leben im Kampf für *Khalistan* verloren haben. Auf diesem Feld, zeigen die Sikhs, seien vier unschuldige Bauern von Soldaten erschossen worden. In dieser Richtung befinde sich ein Versteck von Terroristen, die im Untergrund leben. In jener Richtung könne man ein von Sikhs gebautes Märtyrer-Denkmal für ums Leben gekommene Terroristen besichtigen. Auch kommen wir an einem großen, ausgebrannten Gebäude vorbei, von dem wenig mehr als die massiven Außenmauern stehengeblieben sind. Der Terrorist Resjam Singh Thande habe es so lange unter Beschuß und mehrmals in Brand gelegt, bis es schließen mußte. Früher war es ein Schlachthaus und daher ein Dorn im Auge der gegen Fleischverzehr eingestellten orthodoxen Sikhs. – Die Route gerät zur Streckenbeschreibung durch ein vom Terror gezeichnetes Konfliktgebiet.

Wenige Kilometer vor der pakistanischen Grenze biegt linkerhand ein ungeteerter Feldweg ab, der in das Dorf Balrampur führt. Auch die Wege innerhalb des Dorfes sind nicht befestigt. Während des Monsuns ist der Boden schlammig aufgeweicht, in der heißen Jahreszeit reißt die Erde vor Trockenheit auf. Die Mehrzahl der Dorfbewohner lebt in Lehmbauten; nur wenige stabile, fest-gemauerte Häuser sind zu entdecken. Das schönste Haus im Dorf gehört dem Bürgermeister. Der *Sarpunch* Harminder Singh ist ein Sympathisant der *Khalistan*-Bewegung und ein Kenner der terroristischen Szene im Amritsar-Distrikt, zu dem sein Dorf zählt. Er hat keine Vorbehalte, während des Interviews seine Unterstützung für *Khalistan* unumwunden zuzugeben und weist mit Stolz darauf hin, daß einige bedeutende Terroristen aus seinem Dorf stammen. Das Dorf selbst – so der *Sarpunch* – zähle circa 6000 Einwohner; hinzu kämen noch circa 2000 Einwohner, die auf umliegenden Gehöften leben. Die religiöse Zusammensetzung zeige etwa 4500 Sikhs, 2000 Hindus, 300 Christen sowie einige hundert Niederkastige und Unberührbare. Die Bevölkerung des Dorfes Balrampur unterstütze die Bewegung für einen separaten Sikh-Staat, besonders seit ein junger Mann des Dorfes in einem *encounter* mit der Polizei ums Leben gekommen sei. Das Dorf versorge die Terroristen, die im Untergrund leben, von Zeit zu Zeit mit Verpflegung und Kleidungsstücken. Auch habe man, wenn es hart auf hart komme, gesuchten Terroristen Unterschlupf gewährt und geschmuggelte Waffen versteckt. Ein bekannter Extremist aus Balrampur mit dem Titel *Major* Singh habe seit einiger Zeit nachts die Grenze passiert, um Waffen aus Pakistan in den Panjab zu schmuggeln. Kürzlich sei er jedoch bei einer dieser Aktionen geschnappt worden und sitze nun im Gefängnis von Amritsar. In den Gottesdiensten des Dorf-Gurdwaras bete man für ihn und seine baldige Freilassung, damit er weiter das Ziel der Sikhs vorantreiben könne.

Auf meine Frage, ob die Soldaten der Grenzschutzpolizei nicht im Dorf nach Terroristen gefahndet hätten, bestätigt der Bürgermeister, daß dies bereits öfter vorgekommen sei. Sie hätten jedoch nichts und niemanden gefunden. Schließlich habe man auch Verbindungsmänner bei den Sicherheitskräften, die das Dorf, bevor eine Durchsuchung anstehe, vorwarnen, so daß Spuren beseitigt werden könnten. Einige Dorfbewohner seien jedoch belästigt und tyrannisiert worden. In seinem Dorf gebe es keinen Bewohner, der je einen Soldaten der Grenzschutzpolizei bei der Bekämpfung des Terrors mit einem Tip oder Hinweis unterstützen werde. „Da herrscht Schweigen", versichert der Bürgermeister stolz. Denn auch die Hindus dieser vernachlässigten Grenzregion teilten den Protest der Sikhs insoweit, als es um mehr Rechte für den Panjab gehe. Die Forderungen der Extremisten nach einer größeren Wasserzuteilung, nach besseren Preisen für landwirtschaftliche Erzeugnisse des Panjab und Investitionen in den industriellen Sektor würden also von den Hindus mitgetragen. Wenn es jedoch konkret um die Errichtung *Khalistans* gehe, seien sie zurückhaltend. Dies ist auch einleuchtend, denn die Hindus müßten ihre Rolle in einem solchen theokratischen Sikh-Staat vollkommen neu definieren.

Der Bürgermeister des Dorfes muß allerdings einräumen, daß einige Hindus den Panjab verlassen hätten. Sie seien jedoch aus geschäftlichen Gründen ausgewandert, da der Ausnahmezustand und Besatzungsstatus dieses Bundesstaates ihren Geschäften geschadet habe. Einige seien jedoch auch wieder zurückgekehrt, weil sie außerhalb nicht Fuß fassen konnten. Schuld an den Auswanderungen – so der *Sarpunch* – sei oft auch die Medienpropaganda gewesen. Die Zeitungen hätten behauptet, daß Sikhs die Hindus im Panjab umbringen wollten. Auch die Polizei und die Soldaten der Grenzschutzpolizei betrieben seiner Meinung nach Propaganda gegen die Sikhs, indem sie absichtlich Auseinandersetzungen zwischen Hindus und Sikhs anzettelten und willkürlich bei jeder Straftat Sikhs als Sündenböcke festnähmen. Später gibt Harminder Singh allerdings zu, daß es auch in seinem Dorf solche Fälle konkret gegeben habe: 1984 seien drei Hindus seines Dorfes von Sikhs erschossen worden. Einige Hindu-Familien hätten daraufhin das Dorf verlassen und seien in die nächstgrößere

Stadt gezogen; nur ein Familienmitglied sei jeweils dageblieben, um Haus und Hof im Dorf zu versorgen. In zwei der drei Fällen habe es sich um Hindus gehandelt, die gegen die Sache der Sikhs agitiert hätten, im dritten Fall sei es um die Austragung einer alten Familienfehde gegangen. Die vorherige Aussage des Bürgermeisters, daß es in seinem Dorf keine Polizeispitzel oder Informanten gebe, erscheint vor dem Hintergrund dieser Morde damit in einem neuen Licht: Die Ermordung mehrerer Hindus des Dorfes wird hier zur Einschüchterung der gesamten Hindu-Bevölkerung des Dorfes beigetragen haben. Nach Aussage des Bürgermeisters handelte es sich bei den beschriebenen Fällen um Einzelfälle, von denen man nicht ableiten könne, daß das Verhältnis zwischen Hindus und Sikhs generell vergiftet sei. Insgesamt richte sich der ganze Konflikt im Panjab gegen die indische Zentralregierung und sei nicht ein Konflikt zwischen Hindus und Sikhs. Dieses Element werde jedoch von außen hineingetragen, um die Beziehungen zwischen den beiden Religionsgemeinschaften zu vergiften, dem Ruf der Sikhs zu schaden und schließlich die Bewegung an sich zu schwächen. Dennoch bestünden zwischen Hindus und Sikhs starke Zusammengehörigkeitsgefühle. Der *Sarpunch* fährt fort: In seinem Dorf gebe es keinen Graben zwischen Hindus und Sikhs, man helfe sich gegenseitig bei der Ernte, sei zu Gast bei den Hochzeitsfeierlichkeiten der jeweils anderen Gemeinschaft und nehme insgesamt Anteil am Leben der anderen Dorfbewohner ohne Rücksicht auf die Religionszugehörigkeit. In der Zivilbevölkerung ist eine weit verbreitete Meinung über das Panjab-Problem die, daß es zwischen Hindus und Sikhs eigentlich keinen Konflikt gebe. Natürlich, wird eingeräumt, fänden viele Morde im Panjab statt. Die beiden Gemeinschaften hätten neuerdings Vorbehalte gegeneinander entwickelt, aber es bestünden dennoch tiefe Beziehungen zwischen Hindus und Sikhs. Wenn beispielsweise ein Hindu gestorben sei, nähmen Angehörige beider Religionsgemeinschaften an den Verbrennungszeremonien teil. Aber durch die neuen Entwicklungen im Panjab sei jetzt eine Art Mißtrauen zwischen ihnen geschaffen worden. Das hätte verhindert werden können, so hört man immer wieder bei Betroffenen beider Gemeinschaften, wenn die Regierung rechtzeitig die notwendigen Schritte gegen die Extremisten unternommen hätte. Viele Hindus und Sikhs der Zivilbevölkerung sehen sich daher als Opfer der Regierung, die der eigentliche Verursacher des Konfliktes im Panjab sei und die Hauptschuld daran trage, daß das ansonsten harmonische Zusammenleben beider Gemeinschaften im Panjab gestört sei.

Daß die Harmonie aber auch auf Zwang beruhen kann, wird beim Besuch des Dorfgurdwaras deutlich: Dort entdecke ich einen Mann, der sich äußerlich von den anwesenden Sikhs abhebt: Zwar ist auch sein Kopf mit einem Turban bedeckt, dieser ist jedoch anders gewickelt; und als einziger Mann im Sikh-Tempel trägt er keinen Bart. Auch ist zu beobachten, daß er bei den Gesängen die Texte etwas unsicher mitmurmelt: Er ist der Hindu-Priester des Dorfes. Im Anschluß an den Gottesdienst will ich wissen, warum er als Hindu-Priester am Sikh-Gottesdienst teilnehme. Er macht während des Gesprächs insgesamt einen unsicheren Eindruck und vergewissert sich mit Blicken bei den umstehenden Sikhs, die das Interview aufmerksam verfolgen, ob sie seine Antworten billigen. Sikhs und Hindus seien schon immer Brüder gewesen, sie würden hier im Dorf miteinander leben, warum also solle er nicht am Gottesdienst seiner Brüder teilnehmen, fragt er zurück. Im Verlauf des Gespräches wird jedoch – weniger durch seine Worte als durch seine Körpersprache – deutlich, daß er unter innerem und äußerem Druck steht. Es stellt sich heraus, daß er früher nie an Sikh-Gottesdiensten teilgenommen habe, dies sei erst sein vierter oder fünfter Besuch im Gurdwara des Dorfes. Als Grund erklärt er, durch den Konflikt im Panjab sei die Bevölkerung enger zusammengewachsen, man teile nun ein gemeinsames Ziel. Hindus und Sikhs würden an einem Strang ziehen, um bessere Lebensbedingungen für die Bewohner des Panjab zu erkämpfen. Im Gottesdienst hatte man für Terroristen des Dorfes gebetet, die momentan im Gefängnis sitzen. Auch das Wort *Khalistan* war mehrmals gefallen. Auf meine Frage, ob er, der Hindu-Priester, für das politische Ziel der Schaffung eines Sikh-Staates *Khalistan* mitbete, antwortet er – nach einem Blick auf die umstehenden Sikhs –, daß es den Hindus des Panjab in einem Sikh-Staat besser gehen könne als im jetzigen Bundesstaat Panjab, der von der Zentralregierung in Delhi immer vernachlässigt werde. Verbal teilt der Hindu-Priester somit die Argumentation, die auch von den Sikhs der Region immer wieder zu hören ist; dennoch schien die gesamte Situation eher darauf hinzuweisen, daß die Hindus in dieser Grenzregion des Panjab unter zu großem Druck standen, als daß es ihnen noch möglich gewesen wäre, sich gegen *Khalistan* auszusprechen, ohne damit ihr eigenes Todesurteil zu unterschreiben. Den Sikh-Terroristen schien in diesem Gebiet eine Gleichschaltung gelungen zu sein, die kein Dissidententum mehr zuließ. Ihr Zugriff auf die Bevölkerung ging so weit, daß selbst ein Hindu-Priester zum Konformismus mit den Sikh-Terroristen gezwungen werden konnte und im Sikh-Tempel für *Khalistan* mitbetete.

Doch worin bestehen die Motive derer, die aus echter Überzeugung die Sikh-Bewegung unterstützen? Der Bürgermeister, der ein Verfechter der *Khalistan*-Idee ist, muß bestätigen, daß beispielsweise viele Sikh-Jugendliche seines Dorfes die Militanten unterstützen, weil sie keine ihrer Ausbildung oder ihrem Studium entsprechende Beschäftigung finden. Nach einem Studium in einer größeren Stadt kämen die jungen Intellektuellen zurück in dieses Dorf in der Grenzregion, weil sie nirgendwo eine Chance hätten. Aus dieser Frustration heraus seien einige der terroristischen Bewegung beigetreten, wo sie zumindest für eine bessere Zukunft und einen neuen Staat kämpfen und ihre Frustration in Engagement umsetzen könnten. Andere wiederum hätten keine Ahnung von den Inhalten der Bewegung; sie benützten den Konflikt, um im Schatten der *Khalistan*-Bewegung eigene kriminelle Handlungen wie zum Beispiel Banküberfälle durchzuführen. Es gebe jedoch auch die echten *Khalistan*-Kämpfer, die aus Überzeugung für die Idee und das Ziel bereit seien, ihr eigenes Leben zu opfern. Diese Leute hätten früher – so der *Sarpunch* – für die Umsetzung der Forderungen der Akali Dal gekämpft, die bis heute nicht erfüllt worden seien. Selbst nach dem Abkommen zwischen Rajiv Gandhi und Sant Longowal im Jahre 1985 seien die ausgehandelten Kompromisse jedoch nicht in die Tat umgesetzt worden. Keines der Verhandlungsergebnisse sei Wirklichkeit geworden. Auf Grund dieser Frustrationen und Enttäuschungen sei man nun über die ausgehandelten Kompromisse, die ohnehin die Sikhs nur zum Narren hielten, hinausgegangen und fordere jetzt die Unabhängigkeit für einen separaten Sikh-Staat *Khalistan*. Mehrere Sikhs des Dorfes nicken beifällig mit dem Kopf, als einer von ihnen das Wort ergreift: „Ein Kompromiß ist für uns mittlerweile inakzeptabel geworden. Dafür ist schon zuviel Sikhblut geflossen. Jetzt heißt das Endziel: Khalistan." Vor diesem Hintergrund ist es wohl auch zu sehen, daß mir eine ältere Frau, die einen Sohn im Kampf für Khalistan verloren hat, sagte, ihr sei lieber, auch die beiden anderen Söhne würden ihr Leben für diesen Zweck verlieren, als daß sie als Feiglinge unter der Hindu-Herrschaft weiterleben. Sie sei nicht nur Mutter, sondern in erster Linie Anhängerin des Sikhglaubens und insofern sei sie stolz auf ihre Söhne, wenn diese als Märtyrer für Khalistan in die Geschichte eingingen.

Für die Grenzregion des Panjab, zu der das Dorf Balrampur zählt, könne man sagen – so der *Sarpunch* –, daß es den Militanten hier bereits gelungen sei, eine Art *Khalistan* zu schaffen. Der Großteil der Vorschriften, die *Khalistan* beträfen, würde hier bereits in die Tat umgesetzt, z. B. was das Schulwesen und die Rechtsprechung angehe. Beispielsweise seien die Schuluniformen geändert worden: Schulkinder trügen nun die von den Militanten vorgeschriebenen Farben, nämlich eine safranfarbene Kopfbedeckung, ein weißes Hemd und eine schwarze Hose. Die Beobachtungen während einer Fahrt durch verschiedene Dörfer der Grenzregion bestätigten diese Aussage des Bürgermeisters; die in den Symbolfarben *Khalistans* gehaltene Kleidung der Sikhs dominierte insgesamt im Straßenbild. Auch akzeptierte die Bevölkerung die von den Militanten geschaffenen neuen Institutionen, zum Beispiel die ‚*Khalsa* Courts', an denen kleinere Rechtsstreitigkeiten schneller beigelegt wurden als an den offiziellen Gerichten.

Das politische Ziel der Terroristen, der Staat *Khalistan*, schien in diesem Dorf seiner Umsetzung näher zu sein als beispielsweise in Amritsar; anders als in der Stadt war in diesem Grenzgebiet nicht einmal mehr die oberflächliche, formale Präsenz des Staates auffindbar. Und wo sie bei bestimmten Gelegenheiten drastisch demonstriert wurde, blieb sie über mehrere Jahre hinweg dennoch ineffektiv: In der Nähe des Dorfes Balrampur wollte ich mit meinen Sikh-Begleitern an einer sogenannten *Bhog*-Zeremonie für den Terroristen Gursahib Singh Mandiala teilnehmen, der bei einem *encounter* mit der Terroreinheit der Polizei ‚Black Cats' erschossen worden war. Seit Tagen hatten Militante in Zeitungen und durch Mundpropaganda die Bevölkerung aufgerufen, zu dieser Veranstaltung zu kommen. Alle Zugänge zu dem Dorf, in dem die *Bhog*-Zeremonie stattfinden sollte, waren aber im Umkreis von mehreren Kilometern von schwerbewaffneten Einheiten der Grenzschutzpolizei versperrt. Am nächsten Tag jedoch sprach sich herum, daß trotz der Straßensperren und des gewaltigen Aufgebotes schwerbewaffneter Grenzschutzpolizisten circa 20.000 Menschen an der Veranstaltung teilgenommen hatten, die entweder schon in der Nacht vorher den Ort aufgesucht oder sich heimlich durch die hohen Zuckerrohrfelder hingeschlichen hatten.

Am Beispiel der Grenzregion des Panjab scheint sich die These zu bewahrheiten, daß geographische Randlagen für das Entstehen und den Verlauf von Konflikten von Bedeutung sein können. Im Dorf Balrampur trafen die geographische Randlage und die politische Grenzlage aufeinander und schufen aus dem grundlegenden Gefühl, daß man in dieser Gegend nicht viel zu verlieren, aber möglicherweise alles zu gewinnen habe, eine Lebenseinstellung, die dem Kampf um eine separate staatliche Einheit förderlich war. Die Hauptstadt New Delhi liegt zwar kilometermäßig nicht in unerreichbarer Ferne, dennoch schienen Welten die infrastrukturell erschlossene Großstadt im Norden Indiens und das Dorf im vernachlässigten Grenzgebiet voneinander zu trennen. Unterwegs erweckten ständige Straßenpatrouillen und Armeeposten noch den Eindruck, der Bundesstaat stehe unter der Besatzung der indischen Armee und der paramilitärischen Kräfte, die letztlich doch alles im Griff hätten. In der Grenzregion des Panjab, dem Kerngebiet des Terrorismus, waren es jedoch die Extremisten, die das tägliche Leben beherrschten und die hier, an der Peripherie des Bundesstaates, begonnen hatten, ihre separatistischen Ziele zu verwirklichen.

Nach mehreren Jahren der Verhärtung der Fronten und Verfestigung eines vom Terror geprägten Alltags brachten die Landtagswahlen im Panjab vom Februar 1992 zum ersten Mal überhaupt wieder Bewegung in die politische Szenerie des Panjab. Diese Landtagswahlen waren die ersten nach einer fünfjährigen demokratischen Pause. Das 1985 gewählte Regionalparlament in Chandigarh war 1987 wegen des anhaltenden Terrors der Sikh-Extremisten aufgelöst worden; der Bundesstaat stand seitdem unter der direkten Verwaltung durch die Zentralregierung in New Delhi. Die Ankündigung von Provinzwahlen im Panjab wurde daher zunächst als einschneidendes Ereignis in der jüngsten Geschichte dieses Krisengebietes gewertet, das Hoffnungen auf eine Wiederherstellung von Demokratie und politischer Stabilität weckte.

Die Panjab-Wahlen sollten ursprünglich schon im Juni 1991 in Verbindung mit den gesamtindischen Unionswahlen stattfinden, wurden jedoch von diesen abgekoppelt, nachdem die Kongreßpartei ihre Kandidaten aufgrund einer Anschlagserie der Sikh-Terroristen, bei der 24 Kandidaten verschiedener Parteien ermordet wurden, zurückgezogen hatte. Unter ihrem damaligen Präsidenten Rajiv Gandhi begründete sie ihren vorläufigen Wahlboykott im Panjab mit der für Kandidaten und Wähler unzumutbaren Sicherheitslage. In der indischen Presse wurde der Ausstieg der Kongreßpartei aus den Wahlen im Panjab als unverantwortliche Entscheidung heftig kritisiert. Da sie die einzige Partei sei, die im Panjab sowohl von Hindus als auch von Sikhs gewählt werde, habe gerade sie die Verantwortung, ein politisches Gegengewicht gegen die Parteien zu bilden, die nur die Forderungen der eigenen Religionsgemeinschaft im Auge hätten. Indem sie sich dieser Verantwortung entziehe, überlasse die Kongreßpartei den Panjab gänzlich solchen Kräften, da Hindus infolge des Boykottes wahrscheinlich zu großen Teilen der hindu-chauvinistischen Bharatiya Janata Party (BJP) ihre Stimme geben würden; auch der schweigenden, von den Militanten terrorisierten Mehrheit der Sikhs im Panjab sei somit jegliche Chance genommen, ihrem politischen Willen Ausdruck zu geben. Die Kongreßpartei erweckte durch ihre Entscheidung den Eindruck, daß sie nicht an einer demokratischen Lösung des Panjab-Problems interessiert sei, sondern nur noch auf eine militärische Beilegung des Konfliktes setze.

Die Wahlen im Panjab wurden schließlich auf einen späteren Zeitpunkt veschoben, zu dem man ausreichendes Sicherheitspersonal aus anderen Bundesstaaten in das Krisengebiet abkommandieren könne. Anhaltende Gewaltausschreitungen, Bedrohungen und Einschüchterungen von Kandidaten und potentiellen Wählern, Morde an Wahlkandidaten und ein wegen Terroranschlägen fast unmöglicher Wahlkampf waren die Hauptargumente der Wahlkommission dafür, daß der Zeitpunkt der Wahl mehrmals verschoben wurde. In der Industriestadt Ludhiana drohten Terroristen auf Postern, Wählern die Finger abzuschneiden.

Entgegen ihrer Boykottabsichten vom Vorjahr stellte sich die Kongreßpartei unter ihrem neuen Präsidenten, dem seit Juni 1991 amtierenden Premierminister Narasimha Rao, im Februar 1992 nun doch zur Wahl. Es war das Ziel der Minderheitsregierung von Narasimha Rao, durch Wahlerfolge im Panjab mehr Mandate zu erlangen und dadurch die Position der Kongreßpartei im Bundesparlament zu stärken – eine Strategie, die schließlich auch gelang. Teil der Strategie war wohl auch, den Akali-Fraktionen vor den Wahlen keine Zugeständnisse zu machen, was diese erwartet hatten: Die Kongreßpartei stand zu diesem Zeitpunkt wiederum unter dem Druck des Ministerpräsidenten Bhajan Lal von Haryana, dem Nachbarstaat des Panjab, auf dessen Kosten die Erfüllung einiger Forderungen der Akalis gehen würde. Analog den Präzedenzfällen unter der Regierung Indira Gandhis wurde der Interessenlage dieses Bundesstaates aus Machterhaltungsgründen entsprochen.

Fünf Akali-Fraktionen, die Sikh-Studentenorganisation AISSF und alle Gruppen der Militanten riefen nun geschlossen zum Wahlboykott auf. Bedeutungsvoll für die sich so abzeichnende politische Situation war die Hand-in-Hand-Strategie der wichtigsten Akali-Fraktionen mit den Militanten, wobei dies in Bezug auf die Akali Dal auch als Weg des geringsten Widerstandes bezeichnet werden kann; die strikte Direktive der Terror-Dachorganisation *Panthisches Komitee*, sich nicht wieder auf Verhandlungsniveau zurückzubegeben, veranlaßte selbst die zerstrittenen Akali-Fraktionen, sich unter dem Druck der Militanten dem Boykott anzuschließen. Die historische Chance eines echten Parteienwettkampfes und einer tatsächlichen Wahl zwischen den Akali-Fraktionen und den überregionalen Parteien war durch die Tatsache, daß keine der wichtigen politischen Sikh-Organisationen teilnahm, zu diesem Zeitpunkt nicht mehr gegeben. Eine einzige Fraktion der Akali Dal unter Amarindher Singh entzog sich dem Boykott, stellte sich der Wahl und erreichte Absprachen mit den beiden kommunistischen Parteien CPI und CPI (M). Trotz des hohen Sicherheitsaufgebotes von 300.000 Soldaten waren alle Boykott-Brecher auf Seiten der Kandidaten und der Wähler während des gesamten Wahlkampfes und der Durchführung der Wahlen extremem Druck und Bedrohungen durch die Extremisten ausgesetzt, so daß der Wahlkampf eher beiläufig geführt wurde und schließlich auch die Wahlbeteiligung extrem niedrig ausfiel: Sie lag bei nur 21,6 %, was dem Sieg des Kandidaten der Kongreßpartei, dem 70-jährigen Beant Singh, einen schalen Beigeschmack verlieh und zudem sein Amt als neuer Ministerpräsident des Panjab auf eine anfechtbare Grundlage stellte. Die Kongreßpartei errang 12 der 13 vakanten Sitze im Bundesparlament und 87 von insgesamt 117 Mandaten in der Provinzregierung des Panjab. Die ohnehin magere Wahlbeteiligung war in den ländlichen Gebieten des Panjab, wo die Kombination aus Angst vor den Militanten und Sympathie für den Boykott der Akali Dal am wirksamsten war, besonders schwach. Der ursprüngliche Zugriff der Militanten auf die Grenzregion um Amritsar und Gurdaspur hatte sich wesentlich erweitert und umfaßte nun auch die Dorfregionen um Ropar, Sangrur, Patiala und Bhatinda, so daß die dort angesiedelte Jat-Bauernschaft im Wahlergebnis buchstäblich nicht repräsentiert war. Der Sieg der Kongreßpartei stützt sich somit im wesentlichen auf die Hindus. Die Mehrheit der Sikhs blieb der Wahl fern und entzog somit auch der letzten gemäßigten Akali-Fraktion unter Amarinder Singh mit einem Wahlergebnis von nur 2,87 % den Boden.

War bei den Akalis zuvor über die Jahre hinweg immer ein gewisses Maß an Verhandlungsbereitschaft vorhanden, das jedoch durch Nicht-Erfüllung von Abkommen und mangelnde Bereitschaft zu Konzessionen seitens der Zentralregierung ausgehöhlt wurde, so gab es nach den Wahlen nur noch eine Plattform: die der Militanten. Zum Frühlingsfest Hola Mohalla gaben die Akali-Fraktionen in Anandpur Sahib im April 1992 ihre Entscheidung bekannt, nun in Zusammenarbeit mit den Militanten für einen souveränen Sikh-Staat zu kämpfen – eine offene Kriegserklärung also gegen die Indische Union. Die geschlossene Sikh-Front drohte mit einer Bewegung zivilen Ungehorsams, wenn die Regierung Beant Singhs im Panjab nicht abgesetzt und der Forderung nach einem Sikh-Staat, *Khalistan*, nicht entsprochen werde. Diese Erklärung beinhaltete eine enorme Radikalisierung der Akalis, vergleicht man sie mit der noch zögernden und verschiedene Interpretationen zulassenden Anandpur Sahib Resolution von 1973.

Ihre Drohung, sich an denen zu rächen, die sich an den Wahlen beteiligen, setzten die Militanten in die Tat um: Beispielsweise brachten sie im Dorf Dabli die einzigen fünf Personen um, die gewählt hatten; in Ludhiana ermordeten sie 38 Wähler, die sie während der Geschäftszeit aus ihren Häusern holten, ohne daß Sicherheitskräfte eingriffen – dies nur ein Ausschnitt aus zahlreichen Racheaktionen an Menschen, die sich der Einschüchterungskampagne der Militanten widersetzt hatten.

Die Wahlen im Panjab waren somit nicht gleichbedeutend mit einer Rückkehr zu Demokratie und politischer Stabilität, obwohl sie nach der fünfjährigen demokratischen Pause zunächst ein einschneidendes politisches Ereignis darstellten.

6. Die militärische ‚Lösung'

Allem Augenschein und den Pressemeldungen nach hat die indische Regierung seit 1992 sukzessive einen militärischen Sieg über den Sikh-Terrorismus davongetragen. Durch das massive Eingreifen der Sicherheitskräfte und eine Terrorbekämpfung um jeden Preis tendiert die Zahl der noch aktiven Terroristen heute gegen Null. Laut *India Today* wurden fast alle Haupt-Terrorgruppen bei Polizeiaktionen innerhalb und außerhalb des Panjab eliminiert. Ein Schlüsselereignis sei dabei die Verhaftung von Sohan Singh, dem Chef der Terrororganisation *Panthisches Komitee* gewesen, die zum einen das militante Lager demoralisierte und zum anderen der Polizei ein großes Erfolgserlebnis im Kampf gegen den Terror verschaffte. Danach gelang es, über 30 terroristische Anführer und Hunderte von Funktionären der mittleren Führungsebene auszuschalten. Über 6000 Militante wurden erschossen. Man schätzt das verbliebene terroristische Potential auf gerade noch 14 Anführer und etwa 50 Mitstreiter der mittleren Führungsebene, von denen die meisten der Babbar Khalsa und der Khalistan Liberation Force angehören. Einige von ihnen sollen sich derzeit in Pakistan aufhalten. Die indische Presse behandelt das frühere Thema Nr. 1 des Sikh-Terrorismus nunmehr fast als ‚quantité négligable' – zumal inzwischen der Kaschmir-Konflikt erneut in eine aktive Phase getreten ist. Das Thema der ethnischen Konflikte hat somit mit all seinen Varianten in Südasien nichts von seiner Aktualität eingebüßt; der Panjab jedoch ist scheinbar zur Normalität zurückgekehrt.

Doch noch ist diese ‚Normalität' nicht selbstverständlich, sondern bemerkenswert: Fast ungläubig wird berichtet, daß man sich nun auch nach Einbruch der Dunkelheit auf die Straße trauen könne, daß die Kinos wieder zu späten Filmvorführungen einladen und sogar wieder öffentlicher Alkoholkonsum zu beobachten sei. Noch ist man eifrig darum bemüht, die Scherben eines fast 15 Jahre währenden Bürgerkrieges wegzuräumen und das frühere Bild des blühenden, wohlhabenden Bundesstaates im Norden der Indischen Union zu restaurieren. Tatsächlich scheint sich die Wirtschaft des Panjab seit 1994 zu erholen. Schlagzeilen vermelden, daß der Panjab „Wieder im Geschäft" sei und bereits wieder attraktiv für private Investoren und Unternehmer.

Was ist der Preis für diese ungewohnte Normalität, für diesen neuen Frieden? Der militärische Sieg über den Terror im Panjab ging nicht mit einer politischen Lösung der seit langem strittigen Fragen einher. Schwelende Probleme wie das der Wasserverteilung zwischen Haryana und dem Panjab oder die Chandigarh-Frage wurden nicht geklärt. Daher bleibt abzuwarten, ob die rein militärisch herbeigeführte ‚Lösung' des Panjab-Konfliktes überhaupt als solche bezeichnet werden kann, bzw. ob sie von Dauer sein wird oder ob die immer noch ungeklärten Streitpunkte zu einem späteren Zeitpunkt den Konflikt erneut aufflammen lassen. Indem lange anstehende Konfliktherde wiederum nicht ausgeräumt wurden, leben diese in den Hinterköpfen der Betroffenen fort. Es gibt keinen Kompromiß, keine allgemein akzeptierte neue Regelung, mit der alle Konfliktpartizipanten sich abfinden und somit das Konfliktgeschehen langfristig auch psychisch verarbeiten könnten, um es irgendwann zu den historischen Akten zu legen. Stattdessen ist mit dem militärischen Sieg über den Terror zunächst auch jegliche Diskussion über berechtigte oder unberechtigte Forderungen abgebrochen. Alle Energien sind darauf gerichtet, der Ruhe nach dem Sturm ihre Besonderheit zu nehmen und ihr den Anstrich einer echten Normalität des täglichen Lebens zu verleihen – als ob man damit ihre Dauerhaftigkeit beschwören könne.

Wie sieht er nun aus, der Alltag im Panjab? Und was ist aus jenen geworden, die gestern noch kompromißlos den Krieg für *Khalistan* führten? Eine große Zahl der circa 200 in den

Hochsicherheitstrakten der Gefängnisse von Nabha und Amritsar Inhaftierten gestand *India Today* im Januar 1995 in Interviews, daß sie Angst davor hat, die Haft vielleicht irgendwann mit einer Freilassung auf Bewährung zu vertauschen, weil sie sich vor Übergriffen der Sicherheitskräfte und vor Racheaktionen ehemaliger Mitstreiter fürchtet. Auf Bewährung Freigelassene werden von der Polizei verständlicherweise als zum Teil ehemals hartgesottene Terroristen mißtrauisch beobachtet und oft auch von den eigenen Familienangehörigen fallengelassen. So wird die Haft trotz der in Indien bekannterweise schlechten Haftbedingungen zu einer Art Schutzhaft. Mit dem Wunsch nach einer „zweiten Lebenschance" wächst auch die Furcht, daß es keine solche geben wird. Viele der Inhaftierten verdrängen, so weit möglich, was passierte. Schuld wird abgestritten: man sei verführt worden, die eigentlich Verantwortlichen hätten in Saus und Braus gelebt und täten dies zum Teil immer noch, während man selbst nun für alles büßen müsse – ganz nach dem Motto „Die kleinen Fische fängt man, die großen läßt man sausen." Einige wenige hingegen übernehmen bewußt die Verantwortung für ihre Taten; sie weisen darauf hin, daß die Ursachen, welche zum Terrorausbruch führten, nach wie vor bestehen, und sagen ein Wiederaufleben der Terrorbewegung voraus. Dieser Prognose begegnet Panjabs Ministerpräsident Beant Singh mit der knappen Antwort „Wir werden in der Lage sein, den Frieden aufrechtzuerhalten, weil wir dazu einen klaren Standpunkt vertreten." Die damit skizzierte Devise des Friedens um jeden Preis kennzeichnet daher noch immer den Alltag im Panjab: Seit ihrer großen Zeit der nahezu unbegrenzten Möglichkeiten im Bereich der Terrorbekämpfung ist die Polizei im Panjab so an brutale Vorgehensweisen gewöhnt, daß sie Schwierigkeiten hat, ihr Macht- und Gewaltpotential wieder auf Friedenszeiten zurückzuschrauben. Hier droht akut die Gefahr einer weitergehenden Entfremdung von der Zivilbevölkerung, die unter der brutalisierten Polizei zu leiden hat. Inzwischen mehren sich jedoch die Fälle an den Gerichtshöfen, bei denen sich Polizisten für ihre Exzesse zu verantworten haben. Das Argument der angeklagten Polizisten, daß zu den Hoch-Zeiten der Terrorbekämpfung fast alles erlaubt war, ist zwar einerseits ein offenes Geheimnis, wird aber wohl langfristig nicht einige (Schau?-)Prozesse verhindern. Nachdem die Methoden der indischen Polizei und Sicherheitskräfte international unter Beschuß gerieten, muß der indische Staat sein demokratisches Image aufmöbeln; die genannten Prozesse dienen zweifelsohne diesem Zweck. Darüber hinaus organisiert die Polizei derzeit sogar Seminare zum Thema ‚Menschenrechte' und trainiert in speziellen Fortbildungskursen einen angemessenen Umgang mit Zivilisten. Das Vertrauen der Panjab-Bevölkerung in ein funktionierendes Rechts- und Ordnungssystem mit anerkannten verläßlichen Werten und geregelten Beziehungen zwischen Zivilisten und Vertretern der Ordnungsmacht ist jedoch schwer erschüttert und wird lange brauchen, um die traumatischen Erfahrungen der Terrorzeit zu verarbeiten. Das Leben in einer brutalisierten und spannungsgeladenen Atmosphäre zeigt im Panjab seine langfristigen psychischen Auswirkungen, was die zunehmende Zahl der unter post-traumatischen Störungen und Angstneurosen leidenden Patienten widerspiegelt. Hinter einer vordergründig wiederhergestellten Normalität im Bundesstaat, der mit Schlagworten wie ‚Land des Reichtums', ‚Steigende Exporte' und ‚Industrielle Revolution' scheinbar übergangslos in eine neue Ära des Friedens und Wohlstands hinübergleitet, lauert die Gefahr, daß alte Wunden irgendwann von neuem aufbrechen.

Nachwort

Die Sikh-Identität ist heute in mehrfacher Hinsicht brüchig: Über Jahrhunderte hinweg wurde bewußt die Befestigung und die Institutionalisierung einer eigenständigen Sikh-Identität betrieben. Für einzelne Bausteine dieser Identität waren jedoch nicht allein die Inhalte selbst entscheidend, sondern auch der Grad ihrer Abweichung vom Hinduismus. Auslöser der Abgrenzungsbemühungen war sicherlich zum einen das mitunter berechtigte Gefühl einer Bedrohung und die Angst, daß die mühsam entwickelte, noch junge Sikh-Identität vom Hinduismus verschluckt werden könnte. Tieferliegend zu einer real nachvollziehbaren Bedrohung kommt jedoch die unbewußte, den Sikhs selbst innewohnende Angst hinzu, daß die Merkmale der Sikh-Identität langfristig nicht ausreichen könnten, um dauerhaft neben dem Hinduismus Bestand zu haben. In Indien stellt der Hinduismus mehr dar als eine Religion: Er ist ein Mosaik verschiedenster Lebensweisen, das den gesamten Subkontinent überspannt, und er verfügt über einen für den Gläubigen attraktiven Reichtum an Bildern, Festen und Riten. Der Sikhismus hingegen ist eine regional umschriebene Religion mit einer zahlenmäßig überschaubaren Anhängerschaft und einem begrenzten Repertoire religiöser und kultureller Ausdrucksformen; im Gegensatz zum Hinduismus ist der Sikhismus eine der jüngsten Religionen der Welt. Ein latentes, unbewußtes Minderwertigkeitsgefühl, das der vordergründigen Grandiosität der Sikhs zugrunde liegt, ist daher im Sikhismus nicht auszuschließen. Auf Grund der genannten Faktoren fühlen sich viele Anhänger der Sikhreligion in einer Defensive; sie fühlen sich herausgefordert, ihre eigenständige Identität zu verteidigen, und gehen in die Offensive: Die Identität wird grandios übersteigert und durch eine Krieger- und Märtyrertradition unsterblich gemacht: Es besteht der Glaube, daß sich sieben neue Sikh-Krieger erheben, wo einer von den Feinden der Gemeinschaft erschlagen wurde.

Zu einer unterschwellig brüchigen Sikh-Identität trägt neben der Abwehr-Haltung gegenüber dem Hinduismus auch die Herausforderung eines Modernisierungsprozesses bei, der religiöse Identitätsmerkmale erschüttert und entwertet: Modernisierung, Technisierung und eine sich insgesamt ändernde Außenwelt verunsichern die traditionelle Sikh-Identität. Besonders die Sikh-Jugend muß das Spannungsverhältnis zwischen Tradition und Moderne aushalten. Sie schwankt zwischen einer traditionellen Gruppe, die relativ unreflektiert ihrer Sikh-Identität lebt, und einer Gruppe, die sich von den Ursprüngen entfernt und einem westlich geprägten Individualismus lebt. Die Frage nach den ‚Inhalten' der viel-thematisierten Sikh-Identität und was deren Stellung und Beitrag in einer sich rapide wandelnden Umwelt sei, beschäftigt die Sikh-Jugend vehement. Die intensive Beschäftigung mit der Identitätsfrage ist dabei aber eigentlich ein Anzeichen für eine emotionale Verstörung und Gebrochenheit der Identität, nicht für eine stark ausgeprägte und selbstbewußte Sikh-Identität.

Gerade aus dieser Krise heraus gelang es jedoch den Sikh-Strategen, viele Jugendliche für die *Khalistan*-Idee zu begeistern. Beispielsweise schwärmte Simranjit Singh Mann, der Parteichef der Akali Dal, im Interview von *Khalistan* als einem Modellstaat. *Khalistan* werde besser sein als die USA; auch Deutschland könne als Vorlage dienen, die jedoch perfektioniert werden müsse. *Khalistan* ist die Utopie eines Rechts-, Wohlfahrts- und Sozialstaates, in dem alle Menschen wohlhabend und daher friedlich und glücklich miteinander leben.

Indem Sikh-Strategen solchermaßen ein Modell für die bessere, alternative Zukunft entwickelten, gaben sie gerade jugendlichen Sikhs Auftrieb, sich zu engagieren für die Vision einer alternativen Ordnung. Sikhismus – eine an sich in manchen Zügen überholt wirkende Lebensform – wurde mit neuen Zielvorstellungen versehen, die den Glauben für viele wieder attraktiv machen. Die aus den Zeiten der Gurus stammenden Wertvorstellungen, Kleidervorschriften und Verhaltensregeln erhalten durch die Einbettung in ein alternatives Zukunftsmodell einen fortschrittlichen Charakter: Ein ‚echter Sikh' zu sein, Turban und den archaisch anmutenden Kirpan zu tragen, ist fortan nicht mehr unmodern, sondern qualifiziert den engagierten Vorkämpfer für einen idealen Staat. Tradition wird zur Stoßwaffe in Richtung Zukunft geschärft. Der orthodoxe Sikh ist gleichzeitig ein ‚moderner Mensch', der seinen Idealstaat über das Modell Amerika hinaus perfektionieren will, der modernen Technologien gegenüber aufgeschlossen ist und dessen politischem Aktionismus seine Religion nicht im Weg steht, sondern diesen vielmehr legitimiert. Die Sikhreligion wird so neu gesehen als eine Ideologie des Fortschritts, die durch ihre Aufgeschlossenheit und die Flexibilität ihrer Anhänger bestens dazu geeignet sei, neue, moderne Lebensformen zu integrieren. Die Position der Sikhs zwischen einer übermächtigen Hindu-Tradition einerseits und einem tiefgreifenden strukturellen Modernisierungsprozeß andererseits ist jedoch problematisch und birgt in sich ein beträchtliches Konfliktpotential.

Guru Nanak und seine ersten Nachfolger hatten das Ziel einer friedlichen Synthese der Religionen vor Augen und strebten einen Ort der Erneuerung im geistigen Bereich an. Die neue Religion sollte einen inneren Weg aufzeigen, der zurück zum Wesentlichen führt. Nicht die äußeren Formen der Religionsausübung und eine Festlegung von Riten, Eiden und Feiertagen standen für die frühen Gurus im Mittelpunkt ihrer Reflexionen, sondern eher eine spirituelle Unabhängigkeit von diesen Äußerlichkeiten. An die Stelle einer inneren Nähe und eines Dialogs mit den beiden großen Religionsgemeinschaften des Hinduismus und des Islams trat jedoch mehr und mehr eine innere Distanz. An die Stelle der Erneuerung rückte die Entfremdung: Das Ziel einer religiösen Identität im Sinne einer geistigen Heimat wurde in der Folgezeit durch das Streben nach einer äußerlich sichtbaren, faktisch belegbaren Verschiedenheit überlagert. Dieses Streben mündete schließlich in dem Ziel eines konkreten Ortes, eines Sikh-Staates, in dem die separate Identität ihren manifesten Ausdruck und ihr Refugium finden soll. Die Sikh-Identität konnte ihren ursprünglichen Anspruch einer inneren religiösen Auto-

Abb. 10: Die Tempelanlage von Amritsar, im Hintergrund die Kuppel des Akal Takht. (Foto Angela Herrmann)

nomie, einer spirituellen Erneuerung und einer neuen geistigen Heimat nicht vollständig erfüllen und sucht daher bis heute eine Zuflucht in äußeren Symbolen und eine vermeintliche Sicherheit in eigenen regionalen Grenzen. Der angestrebte Sikh-Staat sollte nicht nur Schutz gewähren, sondern auf ihn konnten auch alle unerfüllt gebliebenen Erwartungen und alle Sehnsüchte projeziert werden: Er verkörpert sinnbildlich den Wunsch nach einer gesunden, starken und intakten Sikh-Identität.

Im Zeitalter zunehmender Volksgruppenkonflikte, ‚ethnischer Säuberungen' und Religionskriege läge die wahre Stärke der Sikhs hingegen in einer Rückbesinnung auf die pazifistische Tradition Guru Nanaks, dessen Versöhnungsgedanke eine immer noch aktuelle Botschaft ist.

Anhang

1. Anmerkungen

1 Kushwant Singh, Kushwant Singh's Jokebook, New Delhi 1987

2 Eine Möglichkeit, sich einem Verständnis des Sikhismus anzunähern, besteht darin, seine Ansichten als Modifizierung oder Abkehr von der hinduistischen Tradition zu interpretieren. Gerade weil der neue Glaube aus einer Reformbewegung hervorging, muß er andere Wege gehen, um eine eigene Identität zu gewinnen und zu behaupten. Die hinduistische Sicht der Dinge wird daher im folgenden als Vergleichsfaktor zum Sikhismus herangezogen.

3 Zit. n. Gobind Singh Mansukhani, Introduction to Sikhism, New Delhi 1977, S. 24

4 Zit. n. Kushwant Singh, Die Sikhs, Stuttgart 1986, S. 13

5 Vgl. David Kinsley, Indische Göttinnen, Frankfurt 1990, S. 59f.

6 Kushwant Singh (1986), a. a. O., S. 17

7 Zit. n. Kushwant Singh (1986), a. a. O., S. 10

8 Vgl. Eleanor Nesbitt, „The Body: The Guru's Teachings and Contemporary Sikh Practice", in: Religion, XVIIII (1989), S. 255–261

9 SGPC (Hg.): Teja Singh, The Sikh Religion. An Outline of its Doctrines, 8.Aufl. 1989, S. 16

10 Ebd.

11 Kushwant Singh (1986), a. a. o., S. 24

12 Zit. n. Kushwant Singh, ebd., S. 25

13 Dietmar Rothermund, Staat und Gesellschaft in Indien, Mannheim 1993, S. 12

14 Vgl. Jakob Rösel, Die Vernichtung der alten Agrarordnung durch den Kolonialismus – Verelendung der Dörfer und ihr Anschluß an den englischen Rohstoffweltmarkt, in: blätter des iz 3 w, Nr. 68, Freiburg, März 1978, S. 22–32

15 Zit. n. Kushwant Singh, A History of the Sikhs, Princeton/New Jersey 1963, Vol. II, S. 168f.

16 Zit. n. Harish K. Puri: Studying the Role of Sikhs in India's Freedom Struggle. Some Points for Consideration. In: Ashgar Ali Engineer (Hg.), Islamic Perspective. A Special Issue on Contribution of Minorities to Freedom Struggle, Delhi 1986, S. 121

17 Das SGPC ist eine eingetragene Körperschaft und besteht aus 160 Mitgliedern, von denen 140 gewählt werden; die verbleibenden 20 werden

entweder nominiert oder sind von Amtes wegen Mitglieder. Zur Wahl stellen können sich Sikhs über 25 Jahre, welche die Gurmukhi-Schrift beherrschen und die äußeren Merkmale der 5 k's aufweisen. Das aktive Wahlrecht haben alle im Panjab und im benachbarten Bundesstaat Haryana lebenden männlichen und weiblichen Sikhs ab 21 Jahren, die ebenfalls durch die Beibehaltung der äußeren Sikh-Symbole zeigen, daß sie nicht vom Glauben abgefallen sind. Die 160 Mitglieder des SGPC wählen darüber hinaus jährlich ein Exekutiv-Komitee von 9 bis 15 Verantwortlichen und einen Präsidenten.

18 Kushwant Singh (1986), a. a. O., S. 30

19 Als Textquellen für das Studium des Sikhismus bieten sich in dieser Hinsicht neben dem Granth Sahib folgende Schriften an: der *Dasam Granth*, der die Lehren des letzten Guru, Gobind Singh, enthält; diese Schrift wird jedoch v. a. aufgrund der schwierigeren Sprache seltener rezipiert. Die Werke der beiden Dichter Bhai Gurdas Bhalla und Bhai Nand Lal entstanden noch zur Lebenszeit der Gurus. Darüber hinaus bilden die *janam-sakhis*, hagiographische Beschreibungen zum Leben des ersten Guru in Form von Anekdoten, eine weitere Quelle. Die *rahit-namas* geben als schriftliche Fixierung des Verhaltenskodex seit der Einführung der Khalsa-Tradition durch Guru Gobind Singh weiteren Aufschluß. Ihnen folgten seit dem 18. Jahrhundert bis heute im wesentlichen nur noch Darstellungen mit geschichtswissenschaftlichem Anspruch und theologische Schriften. Für die Herausgabe dieser Bücher, Flugschriften und Zeitungen zeichnet vornehmlich die neo-sikhistische Reformbewegung Singh Sabha verantwortlich.

20 Vgl. Mehar Singh Chaddah, Are Sikhs a Nation?, Delhi Sikh Gurdwara Management Committee (Hg.), Delhi 1982, S. 76

21 Vgl. Kushwant Singh (1963) a. a. O., Vol. II, S. 278

22 Bhupinder Singh, Partition, Gandhi and the Sikhs. In: Seminar 398, New Delhi, Oktober 1992, S. 19

23 Kushwant Singh (1986), a. a. O., S. 31

24 Kushwant Singh (1963), a. a. O., Vol. II, S. 295

25 Auch heute fühlen sich die meisten Inder je nach ihrer Herkunft in erster Linie z. B. als „Panjabi", „Bengali" oder „Kaschmiri" und drücken damit ihr kulturelles Selbstverständnis aus. Der Satz „Ich bin Inder." hat für sie innerhalb der ethnischen Vielfalt Indiens sehr geringen Ausdruckswert. Die „indische Nation" als solche ist daher eher ein abstrakter Entwurf. Im täglichen Leben bestimmen vor allem die regionale Herkunft und die religiöse Zugehörigkeit die Identität des einzelnen und seiner Gemeinschaft.

26 Vgl. Robin Jeffrey, What's Happening to India?, London 1986, S. 109f.

27 Dietmar Rothermund, Indien 1985: Eine innenpolitische Bilanz. In: Aus Politik und Zeitgeschichte. Beilage zur Wochenzeitung ‚Das Parlament', B 10/85, S. 11

28 Vgl. Robin Jeffrey, a.a.O., S.35
29 Auf Wunsch der Dorfbewohner wurden Personen- und Ortsnamen verändert. Die Interviews mit dem Bürgermeister, den Bauern und einigen Terroristen des Dorfes wurden 1991 während der Bürgerkriegssituation im Panjab durchgeführt, so daß dieser Wunsch nach Anonymität aus Sicherheitsgründen angebracht war.
30 Dietmar Rothermund, a.a.O., S.10
31 Rainer Hörig, Auf Gandhis Spuren. Soziale Bewegungen und ökologische Tradition in Indien, München 1995, S.64
32 Madhu Limaye, Die kommunalistische Politik der Akalis. In: Brennpunkt Indien, Ausg. 5/1985, Presseabteilung der Indischen Botschaft, Bonn 1985, S.4
33 Gemeint sind: Dalhousie im Bezirk Gurdaspur, Chandigarh, Pinjore-Kalka, Ambala Saddar u.a. im Bezirk Ambala, das Gebiet Una im Bezirk Hoshiarpur, Desh in Nalagarh, Shahabad und Gulha im Bezirk Karnal, Tohana, Katia und Siran im Bezirk Hissar und sechs weitere Gebiete in Rajasthan.
34 Führer der Akali Dal waren zu dieser Zeit Prakash Singh Badal, der Zail Singh im Amt des Ministerpräsidenten abgelöst hatte, Harchand Singh Longowal, ein religiöser Führer, der sich in der Agitation gegen den Ausnahmezustand hervorgetan hatte, und Gurcharan Singh Tohra, der Präsident des SGPC.
35 Zit. n. Mark Tully, Satish Jacob, Amritsar, London 1986, S.186
36 Für eine detaillierte Schilderung siehe Ritu Sarin: The Assassination of Indira Gandhi, Delhi 1990
37 Mukhoti, Gobinda und Kothari, Rajni (Hg.), Wer sind die Schuldigen? Bericht einer gemeinsamen Untersuchung der Ursachen und Wirkungen der Unruhen in Delhi vom 31.Oktober bis 10.November 1984. Köln, Frankfurt 1984, S.1
38 Interview in New Delhi vom 28.01.91; Mr. Misra von der Border Security Force war der einzige Interviewpartner, der eine Tonaufzeichnung des Gespräches ablehnte.
39 Gobinda Mukhoti, Rajni Kothari (Hg.), a.a.O., S.11
40 Citizens for Democracy (Hg.), A Citizens for Democracy Report to the Nation. Oppression in Punjab, New Delhi 1985, S.24
41 Insgesamt erließ die Regierung seit 1983 25 Gesetze, gegen die von Seiten der Akali Dal und von Seiten indischer Menschenrechtsorganisationen der Vorwurf der Menschenrechtswidrigkeit erhoben wird; die am vehementesten angefochtenen Gesetze sind: Punjab Disturbed Areas Act, 1983; Chandigarh Disturbed Areas Act, 1983; Armed Forces Punjab and Chandigarh Special Powers Act, 1983; Terrorist Affected Areas (Special Courts) Act, 1984; Terrorists and Disruptive Activities Act, 1985.
42 People's Union for Civil Liberties (Hg.), Black Laws 1984–85, New Delhi 1985, S.3

43 Times of India, 12.01. 1991
44 India Today, 15.01. 1991
45 Die Interviewpartner des Dorfes baten aus Sicherheitsgründen darum, anonym zu bleiben; der Name des Dorfes wurde geändert.

2. Ausgewählte Literatur

Barrier, N. Gerald und Dusenberry, Verne A.: The Sikh Diaspora. Migration and the Experience Beyond Punjab. New Delhi 1989

Bedi, Sohinder Singh: Folklore of the Punjab. New Delhi 1980

Brass, Paul R.: Language, Religion and Politics in North India. London 1974

Chaddha, Mehar Singh: Are Sikhs a Nation? Delhi 1982

Cole, W. Owen und Sambhi, Piyara Singh: The Sikhs. Their Religious Beliefs and Practices. New Delhi 1978

ders., Sikhism and its Indian Context. 1469–1708. London 1984

Cunningham, J. D.: A History of the Sikhs. New Delhi 1960

Effenberg, Christine: Die politische Stellung der Sikhs innerhalb der indischen Nationalbewegung, 1935–1947. Wiesbaden 1984

Fox, Richard G.: Lions in the Punjab: Culture in the Making. Berkeley u. a. 1985

Grewal, J. S.: The Sikhs of the Punjab. The New Cambridge History of India (II.3). Cambridge, New York u. a. 1990

Jeffrey, Robin: What's Happening to India? London 1986

ders., Grappling with History: Sikh Politicans and the Past. In: Pacific Affairs, Vol. 60, No. 1 (Spring 1987), S. 59–72

Kapur, A. Ch.: The Punjab Crisis. New Delhi 1985

Kapur, Rajiv A.: Sikh Separatism. The Politics of Faith. London 1986

Kaur, Madanjit (Hg.): Co-Existence in Pluralistic Society. Punjab Issues and Prospects. Amritsar 1991

Maaß, Citha D.: Die Krise im Punjab – Zerreißprobe für die Indische Union? In: Betz, Joachim und Matthies, Volker (Hg.): Jahrbuch Dritte Welt 1985, München 1985, S. 138–152

Major, Andrew: From Moderates to Secessionists: A Who's Who of the Punjab Crisis. In: Pacific Affairs, Vol. 60, No. 1 (Spring 1987), S. 42–58

Mansukhani, Gobind Singh: Introduction to Sikhism. New Delhi 1977

McLeod, W. H.: Guru Nanak and the Sikh Religion. London 1968

ders., The Evolution of the Sikh Community. Oxford 1976

ders., Textual Sources for the Study of Sikhism. Totowa, New Jersey 1984

ders., Who is a Sikh? The Problem of Sikh Identity. Oxford 1989

Oberoi, Harjot S.: From Punjab to ‚Khalistan': Territoriality and Metacommentary. In: Pacific Affairs, Vol. 60, No. 1 (Spring 1987), S. 26–41

Pettigrew, Joyce: Robber Noblemen. A Study of the Political System of the Sikh Jats. London 1975
Puri, Harish K.: Singh Sabha and Ghadar Movements: Contending Political Orientations. In: Punjab Journal of Politics, Vol. VII, No. 2 (Amritsar 1983), S. 12–26
ders., The Akali Agitation. An Analysis of Socio-Economic Bases of Protest. In: Economic and Political Weekly, Vol. XVIII, No. 4 (January 22), 1983, S. 113–118
ders., „Green Revolution" and its Impact on Punjab Politics. In: The Indian Political Science Review (Jan.-March 1983), S. 98–111
ders., Akali Dal and National Question. In: Mainstream (March 5, 1988), S. 7–10
Rösel, Jacob: Die Vernichtung der alten Agrarordnung durch den Kolonialismus – Verelendung der Dörfer und ihr Anschluß an den englischen Rohstoffweltmarkt. In: blätter des iz3w, Nr. 68, März 1978, S. 22–32
Rothermund, Dietmar: Indien 1985: Eine innenpolitische Bilanz. In: Aus Politik und Zeitgeschichte, B 10/85 (9. März 1985), S. 3–12
ders., Staat und Gesellschaft in Indien. Mannheim 1993
Sarin, Ritu: The Assassination of Indira Gandhi. New Delhi 1990
Singh, Fauja (Hg.): The City of Amritsar. A Study of Historical, Cultural, Social and Economic Aspects. New Delhi 1978
Singh, Gopal (Hg.): Punjab Today. New Delhi 1987
Singh, Kushwant: Ranjit Singh. Maharaja of the Punjab 1780–1839. New Delhi 1962
ders., A History of the Sikhs. Vol. 1/2. Princeton, New Jersey 1963
ders., und Chandra, Bipan: Many Faces of Communalism. Chandigarh 1985
ders., Die Sikhs. Stuttgart 1986
ders., Kushwant Singh's Jokebook. New Delhi 1987
Solka, Michael: Die Sikhs. München 1986
Stukenberg, Marla: Die Sikhs. In. Rothermund, Dietmar (Hg.): Indien. Kultur, Geschichte, Politik, Wirtschaft, Umwelt. Ein Handbuch. München 1995, S. 199-208
Thiel-Horstmann, Monika: Leben aus der Wahrheit. Texte aus der Heiligen Schrift der Sikhs. Zürich 1988
Tully, Marc und Jacob, Satish: Amritsar. London 1986

3. Glossar

Akali: (wörtlich:) Anhänger des zeitlosen, einen Gottes. Der Begriff wurde zunächst für die Sikh-Truppen benutzt, die sich im 17. Jahrhundert gegen die Moghulen zur Wehr setzten. 1920 wurden die radikalen Sikhs ‚Akalis' genannt, die sich bei den Auseinandersetzungen um das Management der Sikh-Schreine zum halb-militärischen Korps formierten. Seit 1925 werden die Mitglieder der *Akali Dal* als ‚Akalis' bezeichnet.

Akali Dal: (wörtlich:) ‚vereinigte Armee der Akalis'; politische Regionalpartei der Sikhs im Panjab.

Akal Takht: Mehrstöckiger heiliger Schrein auf der Westseite der Anlage des Goldenen Tempels (*Harimandir Sahib*) in Amritsar; Sitz religiöser und weltlicher Autorität, von dem aus bindende Beschlüsse für die Sikh-Gemeinschaft erlassen werden können.

All India Sikh Students Federation (AISSF): Ursprünglich der offizielle Studentenflügel der *Akali Dal*; während des Bürgerkrieges fest in der Hand der Extremisten.

Amrit: (wörtlich:) ‚Nektar der Unsterblichkeit'; gezuckertes Taufwasser der Sikhs, das mit einem doppelschneidigen Schwert angerührt wurde.

Ardas: Hauptgebet der Sikhs, welches die meisten Rituale beschließt.

Arya Samaj: Hindu-Reformbewegung des späten 19. und des 20. Jahrhunderts, die im Panjab versuchte, Sikhs zum Hinduismus zu konvertieren. Sie und die zusätzliche Bedrohung durch christliche Missionare lösten damit das Entstehen der sikhistischen Reformbewegung *Singh Sabha* aus.

Baba: (wörtlich:) Vater; respektvolle Anrede, vor allem für als Heilige verehrte Menschen.

Baisakhi: Neujahrsfest im Panjab. Zum Baisakhi-Fest im Jahre 1699 soll der zehnte Guru, Gobind Singh, die *Khalsa* gegründet haben.

Bhai: (wörtlich:) Bruder; respektvolle Anrede.

Bhog: Spezielle Zeremonie im Anschluß an Lesungen aus dem Adi Granth – oft anläßlich eines Begräbnisses; Terroristen benutzten die Bhog-Zeremonien oft zu Propagandazwecken.

Chief Khalsa Diwan: 1902 gegründeter Ausschuß, der die Angelegenheiten der sikhistischen Reformbewegung *Singh Sabha* koordinieren sollte; Zielsetzung war es, die Loyalität gegenüber der britischen Krone zu kultivieren und die Rechte der Sikhs gegenüber anderen Religionsgemeinschaften zu schützen, insbesondere ihre überproportionale Repräsentation in der Kolonialarmee.

Damdama Sahib: Ort oder Platz, der durch den Aufenthalt eines Gurus geheiligt wurde; Name mehrerer Gurdwaras.

Damdami Taksal: Im 18. Jahrhundert gegründetes Priesterseminar zur Ausbildung der *Granthis*, an dem auch Bhindranwale seine Priesterweihen erhielt; heute eine Ideologieschmiede des Extremismus.

Dasam Granth: Heilige Schriften, die Guru Gobind Singh zugeschrieben werden.

Dharam Yudh: Gerechter Krieg; bereits in den Schriften der Gurus wurde Krieg als legitimes Mittel gesehen, um der Gerechtigkeit zum Sieg zu verhelfen; die Extremisten im Panjab bezeichneten den terroristischen Kampf um einen separaten Sikh-Staat als ‚Dharam Yudh'.

Fateh: Sieg

Ghadr: (wörtlich:) Revolution; Assoziation von an der Pazifikküste Amerikas lebenden Indern – größtenteils Sikhs -; früheste Form des organisierten Sikh-Protestes gegen die britische Kolonialherrschaft im Ersten Weltkrieg.

Granthi: ‚Wächter' des *Guru Granth Sahib*, der aus der heiligen Schrift rezitiert.

Gurmukhi: (wörtlich:) Aus dem Munde des *Guru*; eine von Guru Angad, dem zweiten Guru der Sikhs, entwickelte Schriftsprache, in der die Hymnen Guru Nanaks aufgezeichnet wurden.

Guru: Spiritueller Lehrer, entweder als Person oder als innere göttliche Stimme. Die zehn Gurus der Sikhs: 1. Guru Nanak (1469–1539), 2. Guru Angad (1504–1552), 3. Guru Amar Das (1479–1574), 4. Guru Ram Das (1534–1581), 5. Guru Arjun Dev (1563–1606), 6. Guru Hargobind (1595–1644), 7. Guru Hari Rai (1630–1661), 8. Guru Har Krishan (1656–1664), 9. Guru Tegh Bahadur (1621–1675), 10. Guru Gobind Singh (1666–1708).

Guru Granth Sahib: Heilige Schrift der Sikhs mit der Betonung ihrer Rolle als Guru; diesem ‚schriftlichen Guru' wird im Sikhismus gleiche Verehrung zuteil wie einem lebendigen Guru.

Gurdwara: Sikh-Tempel.

Harimandir Sahib: Goldener Tempel in Amritsar; höchstes Heiligtum der Sikh-Gemeinschaft.

Jats: Ländlich-agrarische Gemeinschaft von Bauern und Landbesitzern, bekannt für ihre martialischen Traditionen; Elite in den Dörfern des Panjab.

Kar Seva: Freiwillige Arbeit der Sikh-Gläubigen, z.B. beim Aufbau oder der Säuberung der Sikh-Tempel und bei der Zubereitung des *langar*.

Khalistan: (wörtlich:) ‚Land der Reinen' bzw. Land, in der die *Khalsa* regiert; Name des unabhängigen Sikh-Staates, den die Sikh-Separatisten anstreben.

Khalsa: ‚Bruderschaft der Reinen', von Guru Gobind Singh 1699 etabliert; Mitglieder der Khalsa halten sich an die Gebote der *fünf K's*.

Khanda: doppelschneidiges Schwert, Symbol des Sikhismus.

Khanda Pahul: Taufe; Initiationsritus, bei dem das neue Mitglied der Sikh-Gemeinschaft den *Amrit* trinkt.

Khatri: Händlerkaste im Panjab

K's, fünf: Äußere, von Guru Gobind Singh erlassene Symbole der Sikh-Identität: *Kesh*, ungeschnittenes Haar; *Khanga*, ein Kamm, den jeder Sikh bei sich tragen soll; *Kara*, ein Eisenarmreif; *Kirpan*, ein Säbel und *Kuchha*, eine knielange Hose, die soldatische Mode der Zeit.

Langar: Freiküche, die zu jedem Gurdwara gehört; dort wird in *Kar Seva* das Essen für Sikhs und Angehörige anderer Religionsgemeinschaften zubereitet, die ungeachtet religiöser und sozialer Unterschiede und Kastenschranken gemeinsam essen.

Malwa: Gebiet im Panjab südlich des Flusses Sutlej.

Miri-Piri: Doktrin, daß der Guru weltliche und spirituelle Autorität ausübt; Verbindung von religiöser und politischer Macht.

Misl: militärische Truppe der *Khalsa* im 18. Jahrhundert.

Nirankaris: Sikh-Reformbewegung des 19. Jahrhunderts, gegründet von Dayal Das; die Nirankaris werden heute von orthodoxen Sikhs als ketzerische Sekte betrachtet, da sie an einen lebenden Guru glauben und den *Guru Granth Sahib* nur als normales heiliges Buch betrachten.

Nishan Sahib: Sikh-Flagge, die jeden Sikh-Gurdwara kennzeichnet; eine dreieckige, safranfarbene Fahne mit dem *Khanda* als Symbol.

Panj Piare: (wörtlich:) ‚Die fünf Geliebten'; die ersten fünf Männer, die 1699 von Guru Gobind Singh als Mitglieder der Khalsa initiiert wurden, nachdem sie ihre Bereitschaft bewiesen hatten, als Märtyrer für den Sikh-Glauben zu sterben.

Panjab: (wörtlich:) Land der fünf Flüsse (Sutlej, Beas, Ravi, Chenab und Jhelum); wird von Sikhs als ‚homeland' betrachtet.

Sarbat Khalsa: (wörtlich:) Die gesamte *Khalsa*; repräsentative Versammlung der Khalsa.

Sarpunch: Bürgermeister eines Dorfes; Haupt des ‚Panchayats', einer von den Dorfbewohnern gewählten Fünferversammlung.

Shaheed: Märtyrer; oft als Titel vor dem Namen einer Person, die für den Sikh-Glauben gestorben ist.

Shiromani Akali Dal: die Akali Dal-Partei

Sikh: Abgeleitet vom Sanskritwort ‚Shishya' bedeutet Sikh wörtlich ‚Jünger'. Speziell im 20. Jahrhundert bemüht sich die Sikh-Gemeinschaft um präzisere Definitionen: Ein Sikh-Kodex aus dem Jahre 1945 definierte einen Sikh als Person, die an Gott glaubt, an die zehn Gurus, den Guru Granth Sahib und die anderen Schriften der Gurus und ihre Lehren, sowie an das Taufzeremoniell der *Khalsa* und die nicht irgendeiner anderen Religion angehört. Der Delhi Gurdwara Act von 1971 statuierte, daß bei den Wahlen für das Delhi-*Shiromani Gurdwara Prabandhak Comittee* nur diejenigen als Sikhs gelten sollen, die in die Khalsa initiiert worden sind.

Shiromani Gurdwara Prabandhak Committee (*SGPC*): 1920 gegründetes Komitee, das die historischen Gurdwaras im Panjab verwaltet; das SGPC unterstützt und finanziert die *Akali Dal*, deren Mitglieder die Mehrheit im Komitee bilden; das SGPC zählt 175 Mitglieder, die alle fünf Jahre gewählt werden.

Singh Sabha: Sikhistische Reformbewegung, die 1873 zur Erneuerung der Sikh-Gemeinschaft und zur Abwehr der christlichen und hinduistischen Missionare gegründet wurde.

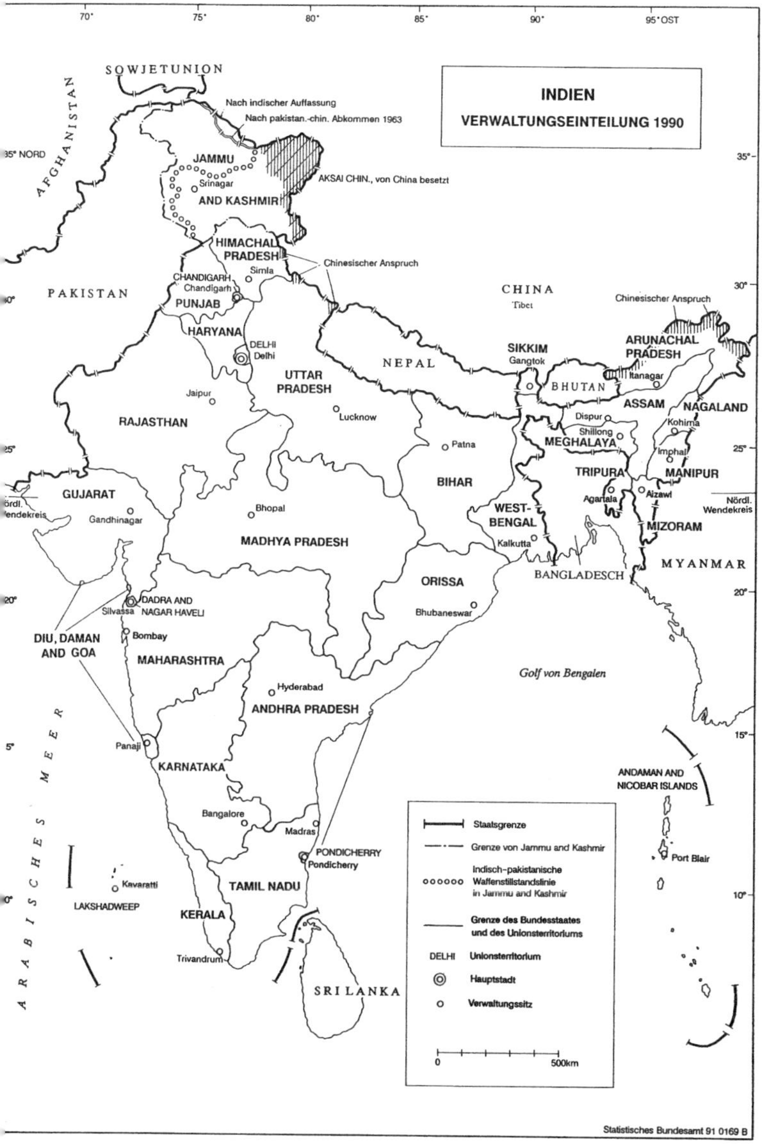

Karte 1: Der Panjab (hier: Punjab) in Nordindien

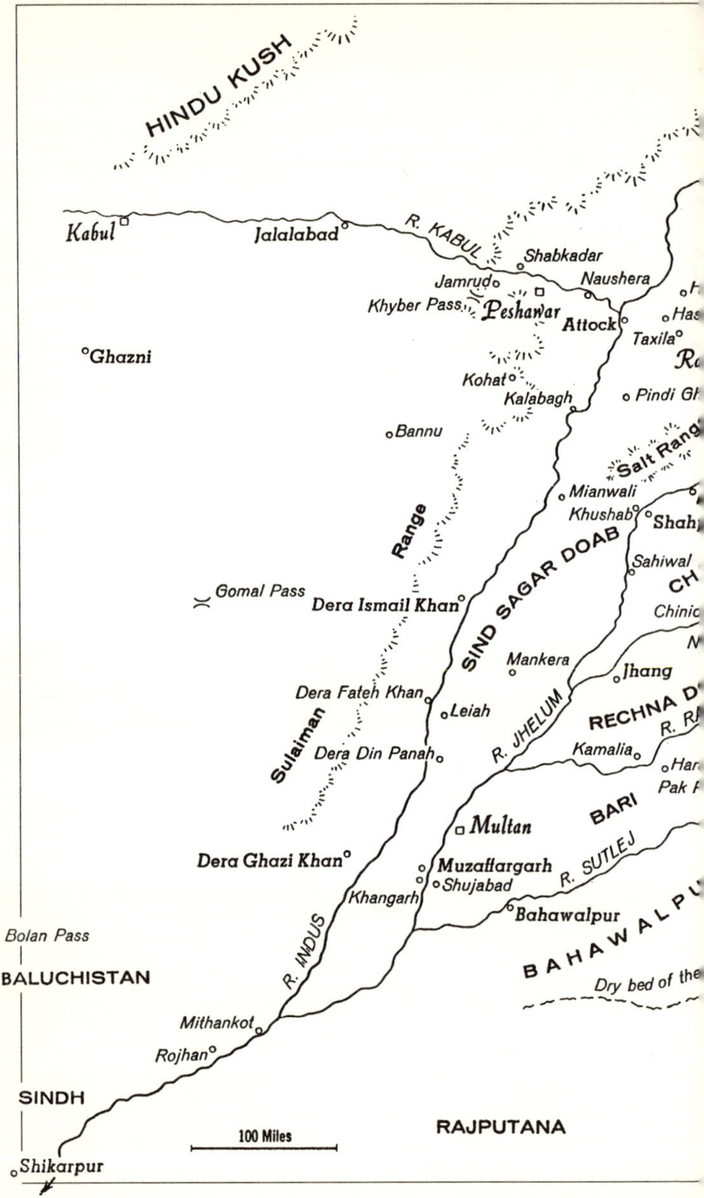

Karte 2: Der Panjab (nach Kushwant Singh, A History of the Sikhs. Vol. 1: 1469–1839. New Delhi 1987[7])

KARAKORAM RANGE
R. INDUS
Iskardu
HIMALAYAS
R. INDUS
Baramulla
KASHMIR
Srinagar
Pir Panjal Range
Poonch
Shupaiyan
Pir Panjal Pass
Rajauri
Kishtawar
R. CHENAB
Mirpur
Akhnur
Bhimbar
Jammu
Sialkot
Wazirabad
Ram Nagar
Basohli
Chamba
Pathankot
Nurpur
Gujranwala
Kartarpur**
Eminabad
Kalanaur
Gurdaspur
Kangra
R. BEAS
Bhattian
Batala
Qadian
Shivalik Hills
Mandi
Amritsar
Shahadara
Beas
JULLUNDUR DOAB
Taran Taran
Kartarpur*
Hoshiarpur
Lahore
MANJHA
Jandiala
Kapurthala
Bilaspur
Goindwal
Sobraon
Sultanpur
Jullundur
Anandpur
Simla
Kasur
Ferozepur
Kiratpur
Phillaur
Ludhiana
Ropar
Mamdot
Kasauli
Jagraon
Faridkot
Whadni
MALWA
Mani Majra
Kot Kapura
Sirhind
Nahan
Sirmoor
Maler Kotla
Sadhaura
Patiala
Ambala
Dehra Dun
Barnala
Nabha
Bhatinda
Sangrur
Mustafabad
Samana
Shahabad
Jagadhari
Kurukshetra
Thanesar
R. GHAGGAR
Kaithal
Karnal
Saharanpur
Sirsa
Panipat
Jind
Hissar
Hansi
Sonepat
Meerut
R. JUMNA
Rohtak
HARIANA
Delhi
Gurgaon
**(Founded by Nanak)
*(Founded by Arjun)